80/20 YOUR LIFE!

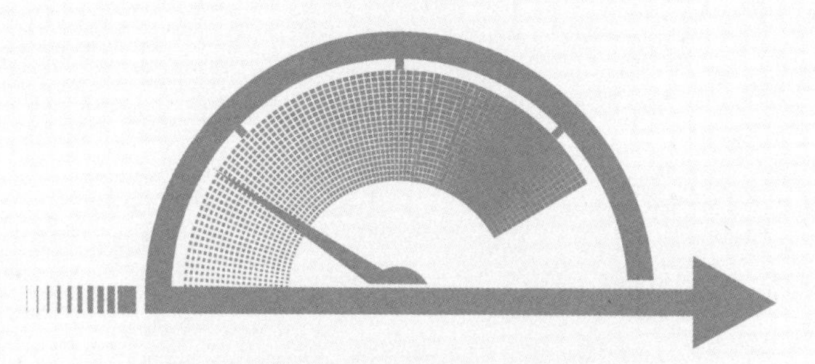

시간, 에너지, 멘탈에 이르기까지

20%만 쓰는 연습

데이먼 자하리아데스 지음 | 박세연 옮김

일러두기

부록 〈초생산성을 위한 10가지 습관*Catapult Your Productivity! The Top 10 Habits You Must Develop To Get More Things Done*〉은 저자가 독자들에게 선물로 제공한 PDF 파일로, 원서에는 사이트(http://artofproductivity.com/free-gift/)에서 무료로 다운받을 수 있게 안내되었습니다. 다만 한국어판에는 저자의 허락을 받아 번역해 부록에 넣었습니다.

무거운 인생을 가볍게 들어 올리는 법

80/20 법칙은 이탈리아 경제학자인 빌프레도 파레토Vilfredo Pareto가 주창한 이론으로, '파레토 법칙pareto principle'이라고도 알려져 있다. 1896년 파레토는 이탈리아 인구 20%가 국가의 전체 부에서 80%를 차지하고 있다고 설명했다. 오늘날에는 누구도 이러한 주장에 크게 놀라지 않을 테지만, 당시에 이 이론은 큰 논란을 불러일으켰다.

파레토는 부의 분배에서 멈추지 않았다. 나중에는 80/20 법칙을 다양한 현상에 적용할 수 있다는 걸 보여주었다. 예를 들어, 그는 자신의 정원에 있는 완두꼬투리의 20%가 80%에 달하는 완두콩을 생산한다고 설명했다. 이후 파레토를 비롯한 여러 학자가 과학과 스포츠, 경제학, 소프트웨어 개발 분야에서 이러한 현상을 발견함으로써 80/20 법칙의 타당성을 뒷받침했다.

오늘날 80/20 법칙은 일반적으로 비즈니스 및 근로 현장의 생산성 차원에서 거론되고 있다. 그러나 이 책에서는 다른 접근방식을 취해보고자 한다. 나는 삶을 바꾸는 이 단순한 개념을 모든 일상적인 측면에 적용해 볼 것이다.

당신은 80/20 법칙이 일과 삶 그리고 인간관계에서 최고의 만족감을 끌어내기 위해 활용할 수 있는 강력한 도구라는 사실을 깨닫게 될 것이다. 이 법칙은 다이어트와 건강 및 금융, 교육 영역에 엄청난 영향을 미칠 수 있고, 소규모 비즈니스를 짧은 시간 안에 엄청난 성공으로 이끌 수도 있다.

간단하게 말해서, 이 책에서 나는 80/20 법칙으로 삶의 모든 영역을 최적화하는 방법을 보여주고자 한다.

80/20 법칙에 관한 오해

다만 80/20 법칙은 시스템 실행에 관한 것이 아니다. 나는 당신의 삶을 투박한 공식 속으로 억지로 밀어넣을 생각이 없다. 이 법칙은 미래 지향적인 사고방식, 다시 말해 중요한 항목에 집중함으로써 엄청난 가치를 만들어내는 접근방식에 관한 것이다.

또한 80/20 법칙은 미니멀리즘에 관한 것이 아니다. 물론 당신이 미니멀리즘을 '향해서' 이동하도록 도와줄 수 있지만 (그것이 당신의 목표라면), 실질적인 활용 범위는 그것을 훌쩍 넘어선다.

많은 이가 80/20 법칙이 급하고 부주의한 방식으로 업무를 처리하도록 재촉한다고 오해한다. 그러나 그것은 사실이 아니다. 우리는 지름길을 모색하지 않는다. 다만 목표에 가장 많은 영향을 미치는 과제에 주의와 에너지를 집중할 뿐이다.

왜 성취하려는 목표에 미미한 영향밖에 미치지 못하는 과제에 소중한 시간을 허비한단 말인가? 20%의 노력으로 80%의 성과를 달성할 수 있다면, 당연히 그래야 하지 않겠는가?

이 책을 읽는 동안 당신도 그 개념을 분명히 이해하게 될 것이다.

지렛대라는 이름의 게임

간단하게 말해서 파레토 법칙은 레버리지leverage, 즉 지렛대에 관한 것이다. 우리는 사소한 노력을 통해 말 그대로 삶을 바꿀 수 있다.

오늘날 우리가 지렛대를 활용하는 다양한 방식에 대해 생각해보자. 가령 병따개를 이용해 병뚜껑을 딴다. 장도리를 사용해서 못을 뽑는다. 그리고 타이어를 교체할 때 카잭을 이용해서 자동차를 들어 올린다. 또한 지렛대 2개를 하나로 묶어놓은 형태인 가위를 사용해서 종이나 줄을 자른다.

물리적인 힘과 별로 상관이 없는 지렛대도 있다. 예를 들어, 스위치를 누르는 것만으로 방 안을 환하게 밝힐 수 있다. 또한 드

릴의 방아쇠를 잡아당기는 것만으로 여러 가지 집안 물건을 만들거나 수리할 수 있다.

나는 80/20 법칙이 제시하는 지렛대를 활용함으로써 생활방식의 모든 측면을 극적으로 개선하는 방법을 보여주고자 한다.

열린 결말

다시 한번 말하지만, 나의 목적은 청사진을 제시하는 것이 아니다. 나는 단순한 공식을 내놓는 일에 관심이 없다. 내 생각에, 그러한 접근방식은 도움보다 피해를 더 많이 준다. 파레토 법칙의 모든 활용은 각자가 처한 상황에 도움을 주는 것이어야 한다. 그리고 상황은 저마다 고유하다.

이 책의 목표는 일상생활 속에서 파레토 법칙을 활용하는 방법에 대해 브레인스토밍을 하고, 그러한 방법에 도전하도록 영감을 불어넣는 것이다. 그 과정에서 나는 다양한 사례를 보여줄 것이며, 그중 일부는 내가 직접 겪은 일화가 될 것이다. 80/20 법칙과 그에 따른 지렛대 원리를 활용하여 어떻게 내 삶에서 놀라운 변화를 만들어냈는지 보여주겠다.

단, 내가 제시하는 사례는 당신이 스스로 아이디어를 끌어내도록 도움을 주는 도약대로서만 기능했으면 한다. 80/20 법칙은 당신이 처한 상황을 반영하여 당신이 개인적인 목표를 달성하도록 도움을 주어야 한다.

내 진지한 소망은 파레토 법칙의 삶을 바꾸는 잠재력에 대해 당신이 나만큼 열광적으로 반응하는 것이다. 나는 확신한다. 당신이 그 법칙을 삶의 한 가지 영역에 적용하여 결과를 확인한 다음에는, 마침내 삶의 모든 측면에 곧바로 적용하게 될 거라고!

나의 80/20 라이프스타일

나는 대학생 시절에 80/20 법칙을 우연히 접했다. 내게 있어 굉장한 깨달음의 순간이었다. 그로부터 수십 년이 흐른 지금, 80/20 법칙은 내 시간을 어떻게 그리고 어디에 쓸지 결정하는 기준이 되었다.

80/20 법칙을 발견하고 나서도 그 진정한 잠재력을 깨닫기까지는 몇 년의 세월이 더 걸렸다. 당시 나는 과제와 프로젝트, 시험공부 등, 학업과 관련된 일에 내 시간의 대부분을 쓰고 있었다. 그래서 80/20 법칙에 대한 이해는 다분히 제한적이었다. 나는 이 법칙을 학업과 관련된 모든 일에 적용했지만, 그 광범위한 활용 범위를 깨닫지는 못했다.

이후 시간이 흘러 파레토 법칙을 다양한 목표에 적용할 수 있다는 사실을 점차 알게 되었다. 이제 내 생각의 폭이 오랜 세월에 걸쳐 어떻게 확장되었는지 설명해 보겠다.

직장인 시절

나는 모든 회의가 참석할 만한 가치가 있는 것은 아님을 재빨리 알아챘다. 대부분은 시간 낭비였다(적어도 내게는 그랬다). 그래서 나는 많은 회의를 건너뛰고 꼭 참석해야 할 회의에만 집중하기 시작했다.

일상적인 하루에서도 다양한 문제가 발생했다. 나는 본능적으로 이들 문제에 동등한 비중과 책임감을 갖고 접근했다. 하지만 어떤 문제는 별로 중요하지 않았고, 앞으로 나아가기 위해서는 무시하는 게 더 낫다는 사실을 이해하게 되었다.

내가 일하는 곳에서 이메일과 문자메시지는 통제 불가능한 수준이었다. 모든 사람이 다른 모든 사람을 '업무에 끌어들이기 위해' 참조란에 집어넣으면서, 이메일 규모는 그야말로 위압적이 되었다. 나는 대부분의 이메일과 메시지를 무시해도 괜찮다는 사실을 배웠다. 또한 업무와 관련된 이메일과 메시지 대부분은 나의 대답을 요구하지 않는다는 것도 깨달았다.

사업을 시작하다

2000년대 초에는 작은 기업을 설립했다. 당시 시간은 내게 너무나 소중한 자원이었기에 일주일에 50~60시간씩 일했다. 그때 내게 필요한 것은 시간을 최소로 투자하면서 비즈니스를 키워나가는 방법이었다.

나는 회사에 다니면서 배웠던 많은 깨달음을 활용했다. 가령 불필요한 회의나 통화는 피했다. 그리고 중요하지 않은 이메일은 무시했다. 외부의 도움이 필요할 때는, 사람을 고용할 때 일반적으로 나타나는 여러 가지 혼란을 피했다.

비즈니스 매출의 80%가 20%의 고객에게서 나온다는 사실 또한 발견했다(정확한 비율은 87/13이었다). 이러한 현상을 이론적으로는 알고 있었지만, 기업을 운영하면서 직접 확인할 수 있었다. 이는 내게 강력한 깨달음을 주었다. 그리고 이 깨달음이 파레토 법칙의 타당성을 뒷받침해 주었다.

인간관계

대학 시절에 나는 고전인 《데일 카네기 인간관계론*How To Win Friends & Influence People*》을 읽었다. 나는 더 넓은 인맥을 원했고, 더 많은 친구를 사귀는 것이 그 해결책이라고 믿게 되었다.

카네기의 조언은 기대했던 것보다 더 큰 효과가 있었다. 한 달 만에 내 주변은 나의 관심을 바라는 사람들로 가득해졌다. 그러나 안타깝게도 그것은 공허한 성공이었다. 내가 만들어낸 '우정'은 피상적인 관계였다. 결국 인맥을 넓히기 위해 투자했던 시간은 내게 많은 보상을 주지 못했다.

같은 해에 나는 인간관계 규모를 다시 줄여나갔다. 내게 스트레스가 되었던 사람들이 가장 먼저 도마 위에 올랐다. 다음으로 공통적인 관심사가 없는 이들이 대상이었다. 결국 몇몇 친구만 남았다. 그 결과, 정말로 보고 싶은 사람, 만나면 즐거운 사람만이 곁에 남았다.

건강

직장인 시절에 나는 건강에서 많은 어려움을 겪었다. 그저 눈에 보이는 대로 음식을 먹었다(대부분 설탕이 가득한 음식이었다). 그리고 운동은 거의 하지 못했다. 당연하게 체중이 늘었고 체형은 둥그스름해졌다.

몸매 관리에 대해 진지하게 고민하게 되었을 때, 나는 건강을 위한 전략에 80/20 법칙을 적용하기로 했다. 먼저 가공 당류로 가득한 음식을 끊었다. 이 간단한 전략이 체중과 체형에 놀라운 변화를 가져왔다. 헬스장에 등록해서 매일 힘든 운동을 하는 대신에, 가벼운 산책과 팔굽혀펴기를 선택했다. 다시 한번, 뚜렷한 효과가 즉각 나타났다.

실행 가능한 행동 과제 중 20%에 집중하고 나머지를 포기하는 것이야말로 건강과 관련해서 게임의 판도를 바꾼 전략이었다.

글쓰기

나는 파레토 법칙을 20년 넘게 글쓰기에 적용해 오고 있다.

책을 쓰기 위해 자료를 조사하는 기간에는, 조사하는 주제에 관한 글은 되도록 읽지 않는다. 대신 유용한 인용으로 가득한 연구 자료에 주목한다. '최고의' 재료에 집중하는 것이다.

책을 홍보하기 위해 마케팅 캠페인을 벌일 때는, 소셜 미디어나 블로그, 사인회, 게스트 블로깅guest blogging(블로거들이 서로를 홍보하는 글을 각자의 블로그에 올리는 것), 팟캐스트 인터뷰 등의 활동은 하지 않는다. 이러한 활동이 매출에 별로 영향을 미치지 못한다는 사실을 깨달았기 때문이다. 대신 나는 이메일 뉴스레터를 통해 독자에게 실용적인 콘텐츠를 제공하고, 아마존 광고에 시간과 주의를 집중한다. 이러한 20%의 활동이 80%의 결과를 만들어낸다.

새 책의 집필을 시작할 때 나는 초고에는 실수가 있어도 괜찮다는 생각을 계속해서 상기한다. 완벽한 초고를 위해 치밀하게 편집하는 방식보다 내부적인 편집 기준을 20% 수준으로 설정하는 방식을 택한다. 가령 맞춤법에 실수가 있을 때는 즉각 수정한다. 문법에 실수가 있을 때도 즉각 바로잡는다. 하지만 내 목표는 초고를 80% 수준으로 완성하는 것이다. '본격적인' 편집은 그다음의 일이다.

집착 버리기

80/20 법칙은 삶의 모든 영역에서 드러나는 대부분의 의사결정을 위한 지침을 제공한다. 나는 이 사실을 80/20 법칙을 처음

으로 발견했을 때 깨달았다. 그리고 그 잠재력에 대한 이해는 이후로 오랫동안 발전했다.

나는 파레토 법칙을 의사결정을 위한 지침으로 활용함으로써 사소한 문제와 세부 사항에 대한 집착을 버릴 수 있었다. 참으로 다행스러운 일이었다. 사소한 문제는 말 그대로 중요하지 않다. 20%에 해당하는 중요한 일에 집중함으로써 우리는 많은 시간을 절약하고, 생산성을 크게 끌어올리고, 목표 성취를 향해 한 걸음 더 나아갈 수 있다.

파레토 법칙은 인생을 바꾼다

나는 80/20 법칙이 결실 있는 라이프스타일을 설계하는 데 도움을 주리라고 100% 확신한다. 중요한 일에 집중하고 다른 모든 것을 무시할 때, 우리는 성취하려는 목표를 향해 보다 큰 걸음으로 나아갈 수 있다. 게다가 이것은 최소한의 시간과 에너지 투자만으로 가능하다.

지금부터는 파레토 법칙을 모든 일에 적용해야 할 다양한 실질적인 이유에 대해 살펴보려고 한다. 미리 알려두지만, 나는 당신을 80/20의 세상으로 데려갈 것이다.

적은 노력만으로도
많은 성과를 올릴 수 있다!

80/20 라이프가 필요한 10가지 이유

80/20 법칙의 핵심 개념은 적은 노력으로 많은 성과를 올릴 수 있다는 것이다. 적은 투자가 많은 결과를 만들어낸다는 사실을 깨달을 때, 우리는 비로소 자신의 시간과 주의, 노력을 효과적으로 활용할 수 있게 된다. 우리는 이러한 지렛대 원리를 통해 삶을 바꿀 수 있다. 그리고 불필요한 요소를 무시함으로써 인생에서 정말로 '원하는' 것을 더 많이 얻을 수 있다.

지금부터는 80/20 법칙을 받아들일 때 누릴 수 있는 10가지 실질적인 이익을 소개하고자 한다. 어떤 요소는 다른 요소보다 당신에게 더 중요할 것이다. 그러나 궁극적으로 80/20 법칙을 삶의 모든 영역에 적용할 때, 우리는 거기서 비롯되는 다양한 이익을 누릴 수 있게 된다. 자, 시작해 보자.

1. 효율적인 시간 관리

대부분의 사람들은 가치가 낮은 일에 지나치게 많은 시간을 투자한다. 그래서 정작 '중요한' 프로젝트를 제대로 추진하지 못한다. 그토록 많은 사람이 시간과 경쟁하면서 달리고 있다는 느낌을 받는 것도 놀랄 일이 아니다.

많은 과제는 아웃소싱이 가능하다. 일부는 완전히 무시해도 괜찮다. 가치가 높은 과제를 우선 하고 나머지를 잠시 제쳐둠으로써 우리는 시간을 통제할 수 있다. 그리고 가장 큰 영향을 미치고 최고의 성취감을 선사할 일에 시간을 집중할 수 있다.

2. 효율성과 생산성 향상

온종일 일했는데 한 게 별로 없다는 느낌을 받은 적이 있는가? 당신은 '해야 할 일 목록'을 보면서 실제로 그 일을 다 처리했다고 믿지만, 한편으로는 종일 제자리걸음을 했다는 생각을 떨쳐내지 못할 것이다.

그러한 느낌이 드는 건 왜일까? 중요하지 않은 일에 주의를 집중했기 때문이다. 당신은 아마도 해야 할 일 목록에 써둔 모든 일을 마무리지었을 것이다. 하지만 그 일 중 어느 것도 목표를 향해 나아가는 데 실질적인 기여를 하지 않았다.

80/20 라이프를 살아갈 때 이러한 느낌은 사라진다. 중요한 일에 집중하고 중요하지 않은 일을 무시한다면, 효율성과 생산성이 천장을 뚫고 치솟을 것이다.

3. 빠른 의사결정

우리는 매일 까다로운 의사결정에 직면한다. 우리에게 허락된 자원(가령 시간, 돈, 주의력)은 다분히 제한적이다. 그러므로 이러한 자원으로부터 최고의 것을 끌어내는 방식으로 활용해야 한다.

그러한 의사결정을 내리는 일은 종종 쉽지 않다. 서로 경쟁하는 요구사항을 똑같이 중요하게 받아들일 때, 선택은 어려워진다. 그래서 망설이는 것이다. 잘못된 결정을 내릴까 봐 걱정하고 무력감에 몸이 굳어버린다.

파레토 법칙은 이러한 심리적 수렁에서 빠져나오는 간단한 방법을 알려준다. 우리는 이를 통해 목표 달성에 중요하지 않은 요구사항을 재빨리 확인할 수 있다. 중요하지 않은 요구가 사라지면서 의사결정의 속도가 빨라진다.

4. 집중력 향상

오늘날 직면하는 최고의 도전과제 중 하나는 우리의 주의를 요구하는 일들이 끝없이 이어진다는 것이다. 더 많은 일에 주의를 기울일수록 '주의력'이라는 자원은 희석된다.

일터에서 끊임없이 이어지는 과제와 프로젝트, 회의는 우리의 주의력을 요구한다. 집에서는 다양한 집안일과 취미 활동 그리고 사소한 응급상황에 직면한다. 또 사람들은 대부분 너무 많은 인간관계를 유지하고 있다. 그러다 보니 자신이 좋아하지 않는 이들에게 소중한 시간을 허비하게 된다.

80/20 법칙은 주의를 최적화함으로써 자신에게 진정으로 중요한 대상에 집중하게 만든다. 그 결과, 우리는 더 효율적이고 더 생산적이 되며 그리고 궁극적으로 더 행복하게 된다.

5. 창조성 강화

스트레스는 창조성을 가로막는 보편적인 장애물이다. 내 경우는 특히 그렇다. 나는 걱정스러운 일이 있을 때 기발한 아이디어를 떠올리거나 유지하는 게 힘들다. 주의가 산만해지고 뇌의 창조적인 영역은 기능을 중단한다.

다행스럽게도 나는 오랜 세월을 거치며, 마음을 불편하게 만드는 걱정거리 중 대부분이 주의를 기울일 만한 가치가 없다는 사실을 깨달았다. 내가 걱정하는 일의 80%는 실제로 일어나지 않았다. 그러므로 얼마든지 무시할 수 있다.

80/20 라이프를 살아갈 때, 우리는 창조적인 느낌을 더 많이 얻는다. 그리고 우리의 마음은 스트레스를 자극하는 사소한 세부적인 문제에 압도되지 않는다.

6. 풍요로운 인간관계

정말로 함께 시간을 보내고 싶지 않은 친구들이 있을 것이다. 그들은 아마도 당신의 심기를 불편하게 만들 것이다. 그리고 그들과의 관계는 피상적일 것이다. 어쩌면 그들이 다른 사람들을 무례하게 대함으로써 당신을 당황하게 만들지 모른다. 아니면 당신을 지치게 만드는 수많은 사건을 몰고 올 수도 있다.

어떠한 경우이든 이러한 친구는 전체 인간관계에서 80%를 차지하며 우리의 행복감에 거의 기여하지 못한다.

진정한 관계를 맺고 있다고 생각하는 몇몇 친구에게 집중할 때, 나는 더 많은 행복감을 즉각 느낄 수 있었다. 그들과의 감정적 유대감은 더욱 강했고, 친밀감은 더 깊었다. 그리고 이로 인해 더 큰 만족감을 얻을 수 있었다.

7. 강력한 리더십

리더가 되기란 쉽지 않다. 언제나 무엇이 최선인지 알아야 하고, 현명한 판단을 내려야 하며, 자원을 효율적으로 배분하고, 확실하고 영감을 주는 태도로 의사소통해야 한다.

이는 절대 쉽지 않은 과제다. 당신이 기업의 고위 관리자이거나, 자선단체를 이끄는 인물이거나, 혹은 가정을 책임지고 있다면, 리더의 어려움을 잘 알 것이다.

80/20 법칙을 따를 때, 우리는 리더십을 보다 쉽게 떠안을 수 있다. 예를 들어 현명한 의사결정을 내리기 위해서는 정보가 필요하다. 그러나 특정 주제와 관련해서 당신이 수집할 수 있는 대부분의 정보는 아마도 중요하지 않은 것으로 드러날 것이다. 일부는 도움보다 피해를 더 많이 줄 것이며, 과잉 분석은 우리의 뇌를 마비시킬 것이다.

우리는 중요한 20%에 집중함으로써 의사결정 과정을 가속화하고 편안한 마음으로 선택을 내릴 수 있다. 파레토 법칙은 리더십과 관련한 폭넓은 의미를 담고 있다.

8. 미루기 습관에 저항하기

위압감을 느낄 때, 대부분의 사람은 미루려고 한다. 일이 잔뜩 쌓여 있는 상황에서도 페이스북에 접속하거나 인스타그램을 살펴보고, 혹은 끊임없이 이메일을 확인한 적이 있다면, 당신 역시 이를 직접적인 경험을 통해 알고 있는 셈이다. 이처럼 인간의 뇌는 주의 분산을 추구한다.

그러나 80/20 법칙은 우리의 주의를 요구하는 과제들 대부분이 사소한 것이라고 말한다. 우리는 그러한 과제를 분명하게 무시할 수 있다. 중요하지 않은 과제를 모두 치워버린다면, 남아 있는 몇몇 중요한 과제에 더욱 집중할 수 있다.

9. 정보 과부하 예방

앞서 의사결정의 과정을 가속화하는 차원에서 이 개념을 살펴봤다. 그러나 이 개념은 그 자체로 자세히 들여다볼 가치가 있다.

우리가 가진 방대한 규모의 정보는 문제를 더 애매모호하게 만들고, 학습하거나 의사결정을 내리는 능력을 방해한다. 정보 과부하가 발생하는 것이다. 이는 마치 소방호스로 물을 한 모금 마시려고 하는 것과 같다.

앞서 논의했듯이, 우리가 특정 주제에 관해 수집할 수 있는 정보의 80%는 쓸모없다. 그러한 정보는 주의를 흩트리고 문제를 필요 없이 복잡하게 만들 뿐이다. 우리는 이를 무시함으로써 더 잘할 수 있다.

중요한 의사결정을 내려야 하거나 새로운 기술을 배워야 할 때, 80/20 법칙이 과잉 분석에 매몰되지 않도록 도움을 준다.

10. 완벽주의와의 작별

어떤 점에서 파레토 법칙은 완벽주의와 대조를 이룬다. 파레토 법칙은 가치가 낮은 활동과 선입견을 무시하고, 결과의 80%를 만들어내는 20%의 행동에 주목하라고 조언한다.

80/20 법칙은 완벽주의를 인정하지 않는다. 완벽주의는 80/20 법칙을 고수하는 마음에 존재할 자리가 없다. 당신이 완벽주의와 씨름하고 있다면, 파레토 법칙이 틀림없이 그러한 충동을 점차 줄여줄 것이다.

추가적인 효과: 죄책감 감소

자신에게 중요하지 않은 일에 많은 시간을 보내고 있다면, 아마도 죄책감이 들 것이다. 시간을 허비하고 있다는 죄책감. 더 많은 보상을 주는 목표를 달성하기 위해 시간을 활용할 수 있다는 사실을 알면서도 시간을 낭비하고 있다는 죄책감. 그리고 비효율성과 불만족의 악순환에 갇혀서 어떻게 벗어나야 할지 모른다는 죄책감.

좋은 소식은 간단한 해결책이 있다는 것이다. 바로, '80/20 라이프'다. 파레토 법칙을 일상 구석구석에 적용함으로써 우리는 자신에게 정말로 중요한 일에 집중하게 된다. 그 효과는 곧바로 나타난다. 창조적인 일부터 신경 쓰고 있는 인간관계에 이르기까지 당신이 하는 모든 선택이 더 큰 만족으로 이어질 것이다.

지금부터는 이 책에서 다룰 내용을 짧게 소개하려고 한다. 아마도 당신은 이 이야기를 좋아하게 될 것이다.

이 책에서 살펴볼 내용

앞서 언급했지만, 대부분의 사람들은 80/20 법칙을 비즈니스 관점에서 이야기한다. 이를테면 다음과 같다. 80%의 매출이 20%의 고객에게서 나온다. 80%의 생산량이 20%의 직원에게서 나온다. 수익의 80%가 20%의 제품에서 나온다.

하지만 이 법칙은 우리 삶의 모든 측면에 직접 적용이 가능하다. 나아가 80/20 법칙에 기초하여 의사결정을 내릴 때, 그 결과는 놀라울 것이다.

이것이야말로 이 책 《20%만 쓰는 연습》의 핵심 개념이고 근간이다. 지금부터는 파레토 법칙을 활용함으로써 삶의 7가지 구체적인 영역을 최적화하는 방법을 보여주겠다.

1장: 업무 효율 극대화

새로운 일자리를 찾고 있거나 현재의 일자리에서 경력을 쌓고자 할 때, 80/20 법칙은 최고의 도구가 되어준다. 인맥을 형성하고 최고의 기회를 잡는 것에서부터 가르침을 주고받는 관계를 만들고 직원을 관리하는 일에 이르기까지, 80/20 법칙이 당신의 직업적인 삶을 바꿔놓을 것이다.

1장에서는 그 과정에서 지치지 않고 제대로 경력을 쌓아나가는 방법에 대해 이야기한다.

2장: 가사 효율 극대화

집에 있을 때면 해야 할 일의 목록이 끝없이 이어진다. 요리, 진공청소기 돌리기, 먼지 털기, 바닥 닦기, 빨래, 공과금 납부, 잔디 깎기, 약속 관리, 생일 파티, 방과 후 아이들 데려오기, 식료품 구매 등. 위압감을 느끼기에 충분하다.

2장에서는 집안일을 관리하고 스트레스를 줄이기 위해 80/20 법칙을 어떻게 활용할 수 있을지 살펴본다.

3장: 관계 효율 극대화

인간관계는 우리의 삶을 괴롭히는 것이 아니라 '풍성하게' 만들어주는 것이어야 한다. 친구와 사랑하는 이들을 만나는 일이 기다려져야 한다. 특정 인물에 대해 끊임없이 불만을 늘어놓고 있다면, 관계를 정리할 때가 된 것이다.

3장에서는 자신이 추구하는 유형의 관계를 맺을 수 있는 사람에게 집중하는 방법을 알아본다.

4장: 건강 관리 효율 극대화

아무리 노력한다고 해도 건강을 위한 체중 조절과 체형 관리는 힘든 과제다. 우리의 의지를 쉽게 꺾는다는 점에서 특히 어렵다. 그래서 그토록 많은 이들이 중간에 포기하는 것이다.

그러나 20%의 노력만으로 목표 체중과 체형의 80%에 이를 수 있다면? 4장에서는 80/20 법칙을 활용해서 식단 조절과 운동 루틴을 활성화하는 방법을 소개한다.

5장: 재정 관리 효율 극대화

매주 지출을 추적하는 데 이력이 났는가? 목표를 달성하기 위해 매월 예산을 수립하는 일이 지나치게 복잡한가? 주식이나 채권, 뮤추얼펀드mutual fund에 투자하는 과제 때문에 머리가 어지러운가?

5장에서는 최소한의 시간과 주의만으로 투자 활동을 새롭게 정리하는 방법을 살펴본다.

6장: 학습 효율 극대화

시험공부를 하든 새로운 언어를 익히든 아니면 직업 관련 기술을 넓히든 당신이 무엇을 하든, 그 과정을 가속화할 수 있다. 핵심은 새로운 정보를 받아들이는 뇌의 능력을 보완할 접근방식을 활용하는 것이다. 여기서 파레토 법칙은 완벽한 학습 도구로서 기능한다.

6장에서는 파레토 법칙을 활용함으로써 더 빨리 학습하고 더 오래 기억하는 방법에 대해 알아본다.

7장: 비즈니스 성공률 극대화

소규모 비즈니스를 시작하고 운영하기 위해서는 엄청난 양의 시간과 집중이 필요하다. 주의를 요하는 유동적인 일들이 많이 발생한다. 유능한 인재를 채용하고 마케팅 전략을 세우는 일부터 리더가 되고 수익을 창출하는 일에 이르기까지 소규모 비즈니스 소유주의 일은 끝이 없다.

7장에서는 80/20 법칙을 비즈니스에 적용하는 방법을 살펴본다. 사무실을 확장하든 침실 구석에서 부업을 하든 간에, 시간과 자원을 활용해서 최고의 영향을 미치는 방법을 살펴보자.

이 책에서 다룰 많은 내용은 매우 속도감 있게 전개될 것이다. 《20%만 쓰는 연습》 안에는 쓸모없는 이론이 없다. 나의 개인적인 경험에서 비롯된 실천 가능한 조언으로 가득하다.

시작하기에 앞서, 《20%만 쓰는 연습》에서 소개될 조언을 활용하는 방법을 몇 가지 제안하려고 한다.

이 책의 활용법

첫째, 80과 20이라는 숫자에 집착하지 말자. 노력과 성과, 혹은 행동과 결과의 비중은 때로는 65/35, 때로는 95/5로 나타나기도 한다. 숫자 그 자체는 별 의미가 없다. 대신 숫자 뒤에 있는 '원리'에 집중하자. 그 원리란 작은 노력이 대부분의 성과를 만들어낸다는 것이다. 다시 말해 지렛대 원리에 집중하자.

둘째, 당신이 직접 실천에 옮기기를 강력히 권고한다. 이 책이 당신의 일상적인 경험에 영향을 미치길 원하는가? 그 유일한 방법은 조언을 직접 실행에 옮겨보는 것이다. 책을 읽는 것만으로는 충분하지 않다. 읽은 내용을 적용해 보아야만 개인적인 변화가 나타날 것이다.

셋째, 많이 적어보라. 나는 이 책 전반에 걸쳐 다양한 사례를 제시한다. 이들 사례엔 여러 가지 팁과 제안으로 가득하다. 여기서 당신은 자신의 개인적인 상황에 맞는 자신만의 방식이 무엇일지 고민해야 한다. 그 과정에서 아이디어가 기억에서 증발하게 내버려두지 말자. 메모를 해뒀다가 나중에 실행에 옮기자.

넷째, 적극적으로 읽어라. 내가 이 책에서 말하는 것을 수동적으로 받아들이지 말자. 대신에 자신의 상황과 목표에 따라 조언의 타당성을 평가해 보자.

이 책은 개인적인 여정이다. 여기서 나는 내게 효과가 있었던 것을 공유하고, 다른 이들에게 효과가 있었던 것을 제안한다. 궁극적으로 여정의 주인공은 당신이다. 모든 것을 직접 시도해 보라. 자신에게 효과가 있는 방법에 주목하고 나머지는 버리자.

무엇에 관한 책인가?

《20%만 쓰는 연습》은 전략집이 아니다. 우리가 하루 동안 만나게 되는 모든 시나리오를 헤쳐나가기 위한 단계별 지침을 제시하지는 않는다. 대신에 파레토 법칙의 보편적인 적용 가능성을 잘 보여주는 실제 사례를 담고 있다.

나는 이 법칙이 삶의 모든 측면에 영향을 미친다는 사실을 당신이 자각하길 바란다. 내가 제시하는 몇몇 사례는 당신이 지금 직면하고 있을 도전과제와 직접적인 관련이 있을 것이다. 물론 자신과 직접적으로 관련이 없는 사례도 살펴볼 가치가 있다. 이들 사례 역시 80/20 법칙이 모든 상황에서 적용 가능하며 놀라운 결과로 이어진다는 사실을 명확하게 보여줄 것이다.

이 책 《20%만 쓰는 연습》을 통해 매일 내리는 의사결정 과정에서 당신 자신이 통제권을 가지고 있다는 사실을 확인하길 바란다.

인생의 CEO

CEO의 임무는 조직의 전략 방향을 결정하고, 기업이 목표를 향해 잘 나아가고 있는지 점검하며, 그에 따라 키를 조정하는 일이다. CEO는 조직의 성공을 책임진다.

자신을 삶의 CEO라고 생각해 보라. 당신은 기업 CEO와 똑같은 책임을 진다. 차이가 있다면 삶의 수준을 개선하는 데 집중한다는 것이다. 당신은 행복과 경제적 안정, 건강, 개인의 성장을 책임진다. 모든 일이 당신의 책임이다.

이러한 마음가짐은 성공에 방해가 되는 쓸모없는 이야기와 지나치게 세부적인 사항들을 치워버린다. 대신에 영향력을 최대로 높일 수 있도록 자원을 활용하는 노력에 집중하게 만든다. 이 생각이 바로《20%만 쓰는 연습》의 핵심이다.

이 책이 얇아 보일 것이다. 내가 의도한 바다. 그러나 내 조언을 적용하고 결과를 평가해 본다면 최고의 가치를 얻을 수 있을 것이다. 인생의 CEO로서 마땅히 해야 할 일이다.

이제 소매를 걷어붙이고 뛰어들어라.

— 데이먼 자하리아데스

1장

업무 효율 극대화

당신이 보통의 사람이라면, 깨어 있는 시간의 상당 부분을 직업과 관련한 일에 쓰고 있을 것이다. 당신은 근로 현장에서 많은 시간을 보낸다. 그래서 근로 현장이 또 다른 집처럼 느껴질 수도 있다. 그곳에 있지 않을 때조차 자신의 업무에 관해 생각할지도 모르겠다.

당신은 자신이 하는 일에 많은 관심을 기울인다. 일은 생계를 유지하고 자신이 원하는 것을 할 수 있는 여유와 더불어 성취감을 가져다준다. 일은 월급 이상의 것이다. 당신이 하는 일은 당신에게 '목적'을 가져다준다.

당연하게도 당신은 경력을 개발하길 원한다. 다시 한번 말하지만, 경력이 돈에 관한 것만은 아니다. 물론 더 높이 승진할수록 더 많은 돈을 벌겠지만 말이다. 또한 일은 자신의 이름에 화려한 직함을 새롭게 추가하기 위한 것만이 아니다.

일은 자신에게 중요하고 만족감을 가져다주는 대상에 열정을 쏟아붓는 노력에 관한 것이다. 그러한 투자가 거두어들이는 수익은 아마도 엄청나게 클 것이다.

그런데 문제가 하나 있다. 시간과 주의라는 자원이 제한된 상태에서 경력 개발을 위해 당신이 해야 할 일이 대단히 많다는 것이다. 그러므로 시간을 현명하게 활용해야 한다.

1장에서는 경력과 관련해서 3가지 측면을 살펴본다. 여기서는 파레토 법칙에 기초하여 업무 효율을 극대화하고 가속화하기 위한 실질적인 방법을 보여주고자 한다.

구직 활동의 타율을 높이는 법

새로운 일자리를 알아보는 일은 그 자체로 많은 시간을 요구한다. 여기서는 일반적인 구직과 관련된 모든 활동에 대해 생각해 보자.

우리는 경험과 기술을 바탕으로 최고의 기회를 발견해야 한다. 그리고 후보 기업에 연락을 취해서 면접을 잡아야 한다. 또한 면접 이후 추가적인 과제를 처리해야 한다. 여기까지는 시작에 불과하다. 그 밖에 많은 과제가 있다. 이력서 정리하기, 추천서 받기, 소셜 미디어 정리하기, 사교 행사에 참여하기 등.

새로운 일자리를 구하기 위한 과정은 멀고도 험난하다. 대학을 졸업한 뒤 첫 직장을 구하든, 재직 중에 새로운 자리를 알아보든,

그 과정에서 시간을 효과적으로 활용하려는 노력이 중요하다.

이 말은 가장 큰 영향을 미치게 될 몇몇 과제에 집중한다는 뜻이다. 다시 말해 80/20 법칙을 활용해서 자신의 주의와 노력을 어떻게 효과적으로 할당할 것인지 결정해야 한다. 지금부터 몇 가지 사례를 살펴보자.

자신의 이력에 적합한 자리 찾기

당연한 말처럼 들릴 것이다. 그런데 얼마나 많은 이가 자신에게 어울리지 않는 일자리를 구하기 위해 불필요하게 애쓰고 있는지 안다면 깜짝 놀랄 것이다. 그건 시간 낭비다. 게다가 이러한 방식은 성공을 위한 최고의 가능성에 집중하지 않는다는 점에서 효율성을 떨어뜨린다.

▸실행법

첫째, 자신의 이력에 적합한 자리에 집중한다.

둘째, 그러한 일자리를 제안하는 기업을 확인한다.

셋째, 기업별 자기소개서를 작성한다.

나머지는 잊자. 파레토 법칙은 좁은 그물을 던지라고 조언한다. 완벽하게 적합한 20%의 일자리에 집중할 때, 당신의 이력과 기술은 다른 후보자보다 더 빛날 것이다.

도움이 될 만한 20%의 인맥에 집중하기

대다수의 사람이 인맥의 범위를 최대한 넓히는 접근 방식을 택한다. 그들은 언젠가 도움이 될 것이라는 희망으로 모든 사람을 만난다. 그리고 더 많은 사람과 이야기를 나눌수록 성공 가능성이 더 커질 것이라고 기대한다.

이러한 생각은 얼핏 합리적으로 보일 수 있다. 그러나 실제로는 기회의 '손실'로 이어진다.

모든 이와 관계를 형성하려는 방식은 현명하지 않다. 전반적으로 소중한 시간을 낭비하게 되기 때문이다. 당신의 6촌 친구가, 채용 공고를 낸 기업에 다니는 누군가에게 당신에 대해 좋게 말해줄 지인을 알고 있을 수도 있다. 그러나 이러한 희망은 좀처럼 실현되지 않는다. 관계를 맺는 과정에도 다음처럼 80/20 법칙을 활용하는 편이 훨씬 더 낫다.

파레토 법칙은
좁은 그물을 던지라고
조언한다.

▸ **실행법**

첫째, 사교 모임에 참석할 때는 도움이 될 만한 20%의 사람에게 집중한다. 이들과의 관계를 발전시켜 나가야 한다.

둘째, 자신에 관한 이야기를 하는 데 20%의 시간만 쓴다. 나머지 80%는 남의 말을 듣는 데 활용하자. 이를 통해 더 긍정적인 인상을 심어줄 수 있다.

셋째, 새롭게 만난 사람들과의 관계를 발전시킬 때는 80/20 법칙을 거꾸로 적용한다. 즉, 80% 이상 대부분의 시간을 가치가 높은 소수에게 집중하는 것이다.

인맥의 규모를 늘리는 데에만 집착하면 모든 시간을 잡아먹고 말 것이다. 시간을 할당하는 기준을 만들 필요가 있다. 여기서 파레토 법칙이 확실한 해결책을 제시한다.

구직 계획 수립에 20% 시간 할당하기

어떤 기업이 전망 있다는 이야기가 돌 때 사람들은 대개 곧바로 연락을 취하려고 한다. 구직을 위해서는 재빠르게 행동하는 것이 낫다고 여기기 때문이다.

그러나 이는 틀렸다. 그전에 효과적인 구직 계획을 수립하는 데 조금의 시간을 투자하는 편이 더 낫다. 이는 80/20 법칙의 훌륭한 적용이다. 20%의 시간을 성공적인 구직을 위한 기반 마련에 투자할 때, 나중에 의심하게 될지 모를 기회에 소중한 시간을 낭비할 위험을 피할 수 있다. 이러한 계획으로 올바른 방향을 확인하면서 자신이 진정으로 원하는 일자리를 발견할 가능성을 키울 수도 있다.

▸실행법

첫째, 자신이 원하는 유형의 일자리를 확인한다. 최대한 구체적으로 정의해야 한다.

둘째, 주간 목표를 설정한다. 매주 얼마나 많은 이력서를 보낼 것인지, 얼마나 많은 면접 일정을 잡을 것인지, 자신이 활동하는 산업 내에서 얼마나 많은 사람에게 연락을 취할 것인지 결정하자.

셋째, 효과적인 몇 가지 일자리 조사 채널을 선택한다. 예를 들어 산업별 구직 웹 사이트, 대학 졸업생 취업 서비스 그리고 헤드헌팅 업체가 포함된다.

다만 이력서를 수정하느라 시간을 허비하지 말자. 완벽한 '엘리베이터 피치elevator pitch(엘리베이터를 타고 내리기까지의 짧은 시간 안에 상대의 마음을 사로잡는 소개 혹은 설명)'를 작성하기 위해 며

칠을 고심할 필요도 없다. 대신 자신이 원하는 일자리를 가져다 줄 20%의 구직 활동에 전념하자.

지금부터는 당신이 성공적으로 직장을 구했고 그 일에 만족한다고 가정할 것이다. 그리고 80/20 법칙을 활용해서 가장 소중한 자원인 시간을 효과적으로 활용하는 방법을 알아보자.

핵심 과제와 시간 관리

시간 관리는 경력 발전 과정에서 대단히 중요한 역할을 한다. 시간을 현명하게 활용하면 업무를 성공적으로 처리하고, 새롭고 흥미로운 프로젝트를 맡고, 놀라울 정도로 많은 주요 업무를 마무리 지을 수 있다. 반면 시간 관리를 제대로 하지 못하면 서로 경쟁하는 요구에 압도당하고, 성과 역시 필연적으로 하락할 것이다. 경력을 발전시키고 업무 효율을 향상하길 원한다면 더 열심히 더 똑똑하게 일해야 한다. 생산성에 가장 많은 영향을 미치는 방식으로 시간을 활용하는 것이다.

여기서 80/20 법칙은 큰 도움이 된다. 이제 그 법칙을 활용하여 업무를 쉽게 만드는 방법을 살펴보자.

해야 할 일의 일일 목록 제한하기

아마도 당신은 아주 긴 과제 목록을 본 적이 있을 것이다. 머릿속에 떠오르는 모든 과제를 마구 쌓아놓은 것이다. 당신에게도 어쩌면 그러한 목록이 있을지 모른다. 사실 나도 몇 년 전까지 그랬다. 그러나 지금은 과제 관리 시스템을 활용하고 있다.

여기에는 한 가지 역설이 있다. 그것은 긴 과제 목록이 오히려 생산성에 방해가 된다는 것이다. 방대한 목록은 해야 할 일을 하지 못하게 방해하고, 나아가 중요하지 않은 과제가 우리의 시간과 주의를 잠식하면서 '중요한' 일을 수행하지 못하게 가로막는다. 나는 80/20 법칙을 활용해서 과제 목록을 만들기를 추천한다.

▸실행법

첫째, 해야 할 일의 일일 목록을 7가지로 제한한다. 5가지로도 충분하다면 그렇게 하자. 과제 목록을 머릿속에 쌓아두는 일은 얼마든지 괜찮다. 하지만 '일일' 목록은 그것과는 완전히 달라야 한다.

둘째, 가치가 높은 과제를 일일 목록에 포함시킨다. 당신이 목록에 집어넣으려는 과제의 80%는 아마도 목표 달성에 기여하지 못할 것이다. 목표에 실질적으로 기여하는 20%에 주목하라.

셋째, 오직 하나의 과제 관리 시스템을 사용한다. 온라인상에서 관리하려 한다면 투두이스트Todoist, 노즈비Nozbe, 플록Flock, 아사나Asana, 플로Flow, 분더리스트Wunderlist, 투들두Toodledo, 옴니포커스OmniFocus, 애니두Any.do, 트렐로Trello, 프로덕티브Producteev, 하이태스크Hitask와 같은 앱을 선택하자. 일부는 무료이고 어떤 것은 유료다. 그리고 일부는 개인적인 과제 목록에 더욱 적합하고, 트렐로 같은 것은 공동 프로젝트를 위해 개발되었다. 중요한 점은 자신의 상황에 적합하고 자신의 방식을 보완해 주는 앱을 선택한 뒤 '꾸준히 사용하는 것'이다.

과제 관리 시스템을 최적화한다는 말은, 불필요한 부분을 제거하고 핵심에 집중한다는 뜻이다. 제거와 집중이야말로 파레토 법칙의 핵심 요소다.

성과를 낼 수 있는 프로젝트 선택하기

사람들은 많은 프로젝트를 너무 쉽게 받아들이면서 결국 과도한 업무에 치이고 만다. 물론 그 이유는 어렵지 않게 추측할 수 있다. 업무 능력으로 상사에게 강한 인상을 주고 싶어서,

특별한 프로젝트를 맡아 자신의 존재감을 더욱 돋보이고 싶어서, 자신이 조직의 소중한 자산이라는 사실을 다른 이들에게 보여주고 싶어서다.

그러나 너무 많은 일을 떠안을 때, 열정은 역효과로 이어지고 만다. 시간과 주의를 너무 많이 투자해야 하므로 마감 기한도 쉽게 어기게 된다. 존재감을 드러내고자 한 욕심은 오히려 자신의 이미지에 독이 되고 만다. 결국 낮은 업무 성과로 인해 당신에 대한 주변의 신뢰도 떨어진다.

분명한 것은 이 모든 일이 경력에 도움이 되지 않는다는 점이다. 그러므로 80/20 법칙에 기초하여 성과를 낼 수 있는 프로젝트를 선택하고 과도한 부담을 떠안게 되는 프로젝트는 피하자.

▸실행법

첫째, 프로젝트를 선택하기 전에 그것이 자신의 장점과 조화를 이루는지 확인한다. 당신은 새로운 기술을 배우느라 시간을 허비하길 원치 않을 것이다. 그렇다면 개인의 능력 안에서 해결할 수 있는 프로젝트만 받아들여야 한다.

둘째, 장애물이 많지 않은 프로젝트에 집중한다. 예를 들어 핵심 이해관계자를 확인할 수 없는 프로젝트는 피하자. 그런 경우 프로젝트를 완수하는 데 필요한 자원을 얻기 힘들 것이다.

셋째, 흥미로운 프로젝트에 시간을 집중한다. 필요한 기술을 갖고 있는 것과 프로젝트에 전적으로 몰두하는 것은 다른 일이다. 프로젝트에 대한 흥미가 높을 때, 그만큼 성과도 높을 것이다.

어쩌면 프로젝트를 마음대로 선택할 수 없을지도 모른다. 오직 주어진 프로젝트만 수행해야 할 수도 있다. 하지만 그렇다고 해서 선택권이 전혀 없는 것은 아니다. 그러한 상황에서도 여전히 80/20 법칙을 적용할 수 있고 최고의 역량을 발휘할 수 있다.

과도한 업무 부담에 대해 상사와 이야기를 나누자. 기존 업무량을 자세하게 설명하고 지금 맡게 될 프로젝트가 시간과 기술 및 경험 등의 부족으로 늦어질 수 있다는 사실을 설명하자. 다음으로 대단한 성과를 올릴 수 있고 스스로 리더십을 발휘할 수 있는 1~2가지 프로젝트를 확인하자.

상사는 당신의 성공을 원할 것이다. 당신이 성공할 때 상사도 성공할 수 있기 때문이다. 그러한 사실을 당신의 경력에 도움이 될 프로젝트를 선택하기 위한 명분으로 내세우자.

모든 메시지에 답할 필요는 없다

내가 회사 생활을 시작하면서 처음으로 배운 것은 모

든 메시지에 일일이 답변하지 않아도 된다는 사실이었다. 대부분은 무시해도 괜찮았다. 그렇게 함으로써 정말로 주의를 기울여야 할 이메일과 음성메일, 문자메시지에 집중할 수 있었다.

파레토 법칙은 내가 의사소통과 관련해서 알맹이와 껍데기를 구분하도록 도움을 준 도구였다. 모든 메시지를 동등한 주의와 중요성으로 대하는 방식을 중단하면서, 나는 대부분을 죄책감 없이 무시해도 된다는 사실을 깨달았다.

드물긴 하지만, 누군가가 이렇게 말할 때가 있다. "제 이메일에 대한 답변을 듣지 못했습니다." 그러면 나는 이렇게 대답한다. "죄송합니다. 제 답변을 기다리시는 줄 몰랐습니다. 제가 무엇을 하면 될까요?" 이렇게 질문을 던짐으로써 실제로는 이메일에 답변하지 않아도 된다. 80/20 법칙을 활용해서 이메일과 음성메일, 문자메시지의 규모를 줄일 수 있다.

▸ 실행법

첫째, 이메일 앱에서 폴더를 만들고 '행동/대답 필요'라고 이름을 붙인다. 그리고 주의를 기울여야 할 이메일을 구분해 그 폴더에 집어넣자.

둘째, 하루에 두 차례 그 폴더를 깨끗이 비운다. 다만 그런 시간을 일정하게 정하자. 가령 정오를 선택했다면 매일 정오에 폴더를 비우는 것이다.

셋째, 급박하지 않은 음성메일과 문자메시지에는 답변을 보내지 않는다. 사실 대부분이 이에 해당한다.

동료들의 기대에 부응하기 위해서는 많은 시간이 필요하다. 그들은 아마도 자신이 보낸 메시지에 즉각적인 대답을 얻는 데 익숙할 것이다. 하지만 시간이 흐르면서 그들은 점차 당신의 효율적인 의사소통 방식에 익숙해질 것이다. 어쩌면 당신의 높은 생산성을 확인한 몇몇이 스스로 그 방식을 택할지도 모른다!

생산성을 끌어올리는 직원 관리

리더는 효율성을 높이기 위해 우선순위를 매겨야 한다. 중요한 것과 사소한 것을 구분하고 효과를 극대화하는 방식으로 자원을 할당해야 한다.

관리자라면 파레토 법칙을 리더십의 근간으로 삼길 바란다. 이를 통해 자신과 팀원들이 지치지 않고 최고의 성과를 거두게 할 수 있다. 이 법칙은 말 그대로 당신의 관리 스타일을 변화시킴으로써 팀의 성과와 생산성을 끌어올린다.

80/20 법칙을 리더십에 적용한 몇 가지 아이디어를 소개한다.

가장 생산적인 20%의 직원 찾기

직원은 최대 자산이다. 그러나 한편으로는 관리자의 최대 고민거리이기도 하다. 당신이 관리자로서 해야 할 일은, 그들이 '각자의' 업무를 수행하는 데 필요한 도구를 제공하는 것이다. 동시에 장애물을 제거하고, 필요할 때 영감과 격려를 주고 지원을 제공하는 것이다.

문제는 직원들마다 기술 수준과 마음가짐이 다르다는 것이다. 그리고 각자 저마다의 상황에서 서로 다른 도전과제에 직면해 있다. 몇몇 직원은 당신과 상충하는 관심사를 갖고 있을 것이다. 이러한 이유로 당신은 말 그대로 온종일 직원 관리에 시간을 허비하면서 아무런 성과를 내지 못할 수 있다.

관리자는 80/20 법칙을 통해 자신의 과제를 더 쉽고 간단하게 만들 수 있다. 중요한 것은 직원들을 관찰하는 것과 그들의 역량과 성향에 대해 스스로 솔직해지는 것이다.

▸실행법

첫째, 보편적인 법칙으로서 팀 구성원 중 20%가 팀 성과의 80%를 만들어낸다는 사실을 기억하고, 그 20% 구성원이 누구인지 확인한다. 이들은 팀의 최고 성과자다.

둘째, 무엇이 최고 성과자들을 움직이게 하는지 확인한다. 그들에게 영향을 미치는 요소를 확인하고 이를 제공하자.

셋째, 가장 생산적인 직원에게 추가적인 교육 기회를 제공한다. 그들은 팀 성과 중 대부분을 만들어낸다. 그러므로 그들에게 지식을 넓히고 기술을 확장할 기회를 주는 것이 마땅하다.

물론 하위 성과자에게 있어 이러한 배려는 불공평해 보일 수 있다. 어쨌든 관리자는 모든 직원을 평등하게 대우해야 한다는 이야기를 듣기 때문이다. 하지만 모든 직원이 평등한 것은 아니다. 최고 성과자를 확인하고 그들에게 합당한 보상을 주는 방식은 확실히 효과가 있다. 이를 통해 당신은 신뢰를 얻는 효율적인 관리자가 될 수 있을 것이다.

문제를 일으키는 직원 확인하기

20%의 직원이 팀 생산성의 80%를 책임지는 것처럼, 또 다른 20%의 직원은 80%의 문제를 일으킨다. 이들 소수는 종종 실수를 저지르고, 자주 병가를 내고, 많은 불만을 늘어놓으며, 징계와 관련된 많은 문제를 일으킨다.

뛰어난 관리자가 되기 위해서는 이러한 문제 직원을 확인하고, 다른 구제 방법이 없다면 그들을 해고해야 한다. 80/20 법칙은 이러한 과제를 처리하는 데 도움을 준다.

▶ 실행법

첫째, 문제 직원을 확인했다면 당신이 관찰한 문제를 정리하는 시간을 조금 갖는다. 그러한 문제에는 성과와 규칙 준수, 근태 등이 포함된다. 그렇게 정리한 자료는 그 직원을 해고하기로 결정했을 때 중요하다.

둘째, 월간 혹은 주간 단위로 성과를 검토한다. 이러한 시간을 통해 문제 직원의 불만을 듣고 피드백과 조언을 줄 수 있다. 당신은 그 짧은 시간을 통해서 그들의 사기와 성과에 큰 영향을 미칠 수 있다.

셋째, 문제 직원의 불만을 듣고 건설적인 피드백과 조언을 제공하는 데 20%의 시간을 할애한다.

마지막으로, 문제 직원을 해고하기로 했다면 망설이지 말자. 해고 절차를 질질 끌지 말고 신속하게 처리하라. 그렇게 함으로써 시간을 아끼고 나머지 팀원이 다시 동력을 얻게 할 수 있다.

관심 직원에게 효율적으로 시간 할애하기

일부 팀원은 특별한 관심을 요구한다. 그들은 스스로 가치가 있다고 느끼기 위해 칭찬과 격려를 계속해서 요구한다. 그들이 잘못된 의사결정을 내리려고 할 때, 그들의 업무 효율성을 유지하기 위해서는 지속적인 조언이 필요하다.

문제는 관리자로서 당신의 시간은 다분히 제한적인 한편, 당신의 시간을 요구하는 직원은 많다는 사실이다. 몇몇 직원의 요구를 들어주기 위해 하루를 허비할 수는 없다. 그럼에도 그들의 말에 귀를 기울이고 피드백과 지침을 주려는 노력을 멈춰서는 안 된다. 이들 직원에게 잠재력이 있다고 판단될 때, 지속적인 가르침을 제공하려는 노력 또한 중요하다.

▸실행법

첫째, 관심 직원에게 당신은 접근이 가능한 존재이며 그들의 성공을 바란다는 사실을 이해시킨다. 이와 동시에 당신의 지위에 따른 요구를 고려할 때 당신에 대한 접근 가능성이 다분히 제한적이라는 사실 또한 이해시키자(필요하다고 해서 언제든지 만날 수 있는 것은 아니다). 이러한 이해를 통해 그들은 효율적으로 일할 수 있다는 충분한 자신감을 가질 수 있다.

20%의 직원이
팀 생산성의
80%를 책임진다.

둘째, 관심 직원에게 집중할 수 있는 시간을 따로 마련해 놓는다. 예를 들어 월요일과 목요일에 시간을 정해서 이들 직원과 10분간 만남을 갖자. 그 시간에 그들의 요구사항을 들으면 된다.

셋째, 관심 직원들을 칭찬한다. 그들의 성과를 인정하는 데 많은 시간이 필요한 건 아니다. 칭찬함으로써 그들의 자신감을 높이고 최고의 성과를 이어가도록 격려할 수 있다.

유능한 관리자는 작은 투자로 거대한 성과를 만든다

직원 관리는 지속적인 도전과제다. 모든 팀원이 좋은 성과를 낸다고 해도 당신은 자신의 시간과 주의에 대한 끊임없는 요구에 직면하게 될 것이다. 성공적인 리더가 되기 위해서는 작은 투자로 거대한 성과를 만들어내야 한다.

당신은 최고 성과자들을 활용해야 한다. 문제 직원을 확인해야 하고, 조언과 피드백이 긍정적인 영향을 미치지 못할 때 그들을 내보내야 한다.

이 책에서 나는 80/20 법칙을 활용해 다양한 상황에서 경력을 발전시키는 방법에 초점을 맞추고 있다. 지금까지 구직 활동을 할 때, 근로 현장에서 시간을 관리할 때, 관리자의 위치에서 직원을 이끌 때 이 법칙을 활용하는 방법에 대해 살펴봤다.

무엇보다 중요한 사실은 80/20 법칙이 무한한 적용 가능성을 갖고 있다는 사실이다. 이를 활용할 때 결과는 언제나 긍정적일 것이다. 일상적인 경험의 다양한 측면을 들여다볼 때 이러한 사실이 더욱 분명해질 것이다.

2장에서는 파레토 법칙을 통해 가정생활의 일들을 최적화하는 방법을 살펴봄으로써 우리의 핵심 주제를 더 확장하고 깊숙이 들여다볼 것이다.

2장

가사 효율 극대화

집안일은 끝이 없다. 화장실 청소부터 공과금 납부, 요리, 마당의 잡초 뽑기에 이르기까지 신경을 써야 할 또 다른 과제는 언제나 있다. 얼마나 많은 일을 했든 상관없이 더 많은 일이 곧바로 나타난다.

당신이 풀타임 근무를 한다면 상황은 더 나쁘다. 주중에 직장에서 열심히 일하고 나서도 주말이 되면 '추가적인' 집안일로 정신이 없을 테니까.

그런데 최소한의 시간과 노력으로 집안일 대부분을 처리할 수 있다면 어떨까? 더 많은 여유 시간을 누릴 수 있을 것이다. 스트레스도 덜 받을 것이다. 그래서 '해야 할 일'보다 '하고 싶은 일'에 더 많은 시간을 투자할 수 있다.

80/20 법칙은 직장에서와 마찬가지로 집안일에도 적용할 수 있다. 예를 들어 우리는 집 안 20%의 공간에서 80%의 생

활을 한다. 그리고 우리가 준비하는 요리의 20%가 80%의 식사를 책임진다.

이러한 사실을 이해한다면 가정에서 시간을 보다 효율적으로 활용할 수 있고 적은 노력으로 많은 일을 처리할 수 있다. 그리고 더 많은 시간을 쉬면서도 집안일을 더 잘 처리했다고 느끼게 될 것이다. 지금부터 이를 위한 다양한 아이디어를 소개하겠다.

더 쉽고 더 빠른 집 청소

청소는 우리의 시간을 가장 많이 잡아먹는 집안일 중 하나다. 집이 크면 클수록 청소 시간 역시 늘어난다.

그렇다고 종일 청소만 할 수는 없지 않은가? 실제로 많은 사람이 청소와 설거지, 빨래, 물건 정리와 같은 가사에 시간을 쓰면서, 좀처럼 여유 시간을 얻지 못한다. 우리는 20%의 노력으로 80%의 청소를 할 수 있다. 이를 위해 필요한 것은, 태도를 살짝 바꿔서 집착적인 성향을 떨쳐버리려는 의지다.

이제 집 청소에 파레토 법칙을 적용하여 시간을 절약할 수 있는 방법을 알아보자.

청소 시간 제한하기

우리의 시간은 한정되어 있다. 최대한 효율적으로 시간을 활용해야 하는 이유다. 이를 위한 한 가지 방법은 과제 수행에 소요되는 시간의 양을 정하고 그것을 지키는 것이다. 일단 그 시간이 끝났다면 과제도 끝난 것이다.

나는 또 다른 책에서 '파킨슨의 법칙Parkinson's law'에 관해 언급한 바 있다. 이 법칙은 80/20 법칙과도 조화를 이룬다. 파킨슨의 법칙이란 영국의 역사학자 파킨슨의 에세이에서 처음 등장한 것으로, '어떤 일이든 주어진 시간이 소진될 때까지 늘어진다'는 것이다. 가령 집 청소에 소요되는 시간을 5시간으로 잡았다면 실제로 청소하는 데 5시간이 걸릴 것이다. 2시간으로 제한한다면 2시간 안에 청소를 마치게 될 것이다. 다음은 80/20 법칙과 파킨슨의 법칙을 토대로 고안한 집 안 청소를 하는 동안 생산성을 크게 끌어올리는 방법이다.

▸ 실행법

첫째, 가장 많이 사용하는 집 안 영역을 찾아본다. 가령 부엌은 손님방보다 더 많이 지나다니는 공간이다. 그러므로 부엌을 청소하고 손님방은 잊자(누군가를 초대할 계획이 없다면 말이다).

둘째, 각 방에 소요할 시간을 제한한다. 예를 들어 부엌은 15분,

욕실은 10분, 현관은 5분 동안 청소한다. 진공청소기로 카펫을 미는 데는 20분을 허락하자. 그 이상은 곤란하다.

셋째, 사용하지 않거나 필요 없는 물건은 버린다. 이에 대해서는 나중에 더 자세히 살펴볼 것이다.

우리는 이 3단계 방법을 통해 빠른 속도로 집안일을 처리할 수 있다. 쉽게 말해, 우리 스스로 일 처리 시간을 제한하는 것이다. 우리의 집이 〈굿 하우스키핑*Good Housekeeping*〉 잡지의 다음 호에 실릴 정도로 깨끗해야 할까? 그렇지 않다. 대충 훑어볼 때 좋아 보이면 그걸로 충분하다. 이로써 우리는 더 많은 자유 시간을 확보할 수 있다.

완벽한 청소에 대한 집착에서 탈피하기

과거에 나는 완벽주의자였다. 이러한 성향은 다양한 측면에서 드러났다. 가령 집 안을 먼지 하나 없이 완벽하게 청소했다. 완벽한 환경을 유지하기 위해 매주 청소해야만 했다. 그러나 모든 것을 완벽하게 정리하려는 집착이 결국 시간 낭비로 이어진다는 사실을 깨달았다. 겉모습의 유효기간은 짧았다.

완벽한 것에 대한 집착은
결국 시간 낭비로
이어진다.

깨달음의 순간이 찾아온 뒤, 집 청소와 관련해서는 '이만하면 됐어'라는 마음가짐이 중요하다는 사실을 알았다. 내 집은 완벽해 보일 필요가 없다. 누구도 그걸 기대하지 않는다. 게다가 그렇게 했다고 해도 대다수가 알아차리지 못한다. 그래서 나는 파레토 법칙을 활용하기 시작했다.

▸ 실행법

첫째, 청소 시간을 크게 줄였다(여기에선, 파킨슨의 법칙을 적용했다). 예를 들어 예전에는 진공청소기로 구석구석을 청소하기 위해 가구를 손에 잘 닿지 않는 곳으로 옮기느라 1시간 반을 허비했다. 그러나 깨달음의 순간 이후로는 집 안 전체에 진공청소기를 돌리는 데 20분의 시간만 허락했다(시간을 정확하게 지키기 위해 타이머를 사용했다).

둘째, 틈틈이 청소했다. 즉, '청소하는 날'까지 기다리지 않았다. 대신에 거실과 커피 테이블에 더러운 것이 발견되면 30초 동안 청소했다. 현관 카펫에 부스러기나 먼지가 발견되면 30초 동안 진공청소기를 돌렸다.

셋째, '이만하면 됐어'라는 태도를 고수했다. 이런 태도가 별로 중요하지 않은 것처럼 보일지 모르지만, 사실은 제일 중요한 대목이다. 자신에게 80% 정도로 만족하게끔 허락하자, 청소에 대한 집착에서 벗어날 수 있었다. 청소는 더는 내게 최고의 우선순위가 아니게 되었다.

집 청소를 하느라 많은 시간을 보내고 있다면 이러한 3단계를 시도해 볼 것을 권한다. 아무도 알아봐주지 않을 완벽한 청소에 대한 집착에서 벗어나 더 많은 자유 시간을 누리게 될 것이다.

20%의 물건만 남기기

파레토 법칙에 따를 때, 우리는 소수의 물건으로부터 많은 즐거움을 얻는다. 이 말은 곧 우리가 소유하는 물건 중 상당 부분을 버리더라도 살아가는 데 별 지장이 없다는 뜻이다.

문제는 대부분의 사람이 자신이 소유한 물건에 애착하고 있다는 사실이다. 그래서 물건을 버리기가 힘들다. 심지어 한 번도 사용하지 않았음에도 그것을 버릴지 말지 망설이게 된다. 모든 사람이 마찬가지다.

집 안 잡동사니를 처리하려고 한다면 80/20 법칙이 가장 강력한 동맹이 되어줄 것이다. 그 법칙을 활용하는 방법을 소개한다.

▸ 실행법

첫째, 모든 물건을 2가지 범주로 구분한다. '자주 사용하는' 물건 그리고 '좀처럼 사용하지 않는' 물건으로 나누는 것이다. 옷과 신발, 주방 가전, DVD, 장신구, 침대 시트, 베개, 화장품 및 모발 관리 제품, 조미료 등 모든 것을 2가지로 구분해 보자. 그런 다음 좀처럼 사용하지 않는 물건을 모두 버려라.

둘째, 자주 사용하는 물건을 유심히 살펴본다. 그 물건이 정말로 당신에게 행복을 가져다주는지 스스로 물어보자. 당신은 아마도 구체적인 목적이 있어서가 아니라 단지 습관적으로 많은 물건을 소유하고 있다는 사실을 깨닫게 될 것이다. 여기에 해당하는 물건도 버리자.

셋째, 무언가를 구매하려고 할 때 그것을 80%의 시간 동안 사용할 것인지 한 번 더 생각해 본다. 아니라면 구매 충동을 억누르자. 집만 어지럽힐 뿐이다.

당신에게 미니멀리스트가 되라는 말을 하려는 게 아니다. 과거에 품었던 마음가짐으로 허비했을 시간의 일부만 가지고도 삶의 공간을 깨끗하게 유지할 수 있다는 사실을 인지하는 것이 중요하다. 80/20 법칙은 최소한의 노력으로 목표를 효과적으로 달성하게 만드는 지렛대다.

시간과 노력을 절약하는 단순 요리법

요리는 우리가 허용하는 만큼의 시간을 잡아먹는다. 정성을 들여 음식을 준비하다 보면 몇 시간이 훌쩍 지나간다. 그러나 시간을 훨씬 덜 투자해도 충분한 만족감을 주는 간단한 요리를 만들 수 있다.

나 역시 요리를 좋아하지만, 나의 활동 중 최우선순위로 꼽지는 않는다. 요리 시간을 최소한으로 줄여 그렇게 아낀 시간에 책을 읽고, 글을 쓰며, 다양한 여가 활동을 하려고 한다.

이를 위해 나는 요리를 할 때마다 80/20 법칙을 적용한다. 나처럼 너무 많은 시간을 쏟지 않고 효율적으로 요리하고 싶다면 다음의 방법을 따라 해보라.

부엌에서 보내는 시간 줄이기

많은 요리법이 복잡하고 익히기 쉽지 않다. 물론 잘만 하면 맛있게 만든 요리를 손님에게 대접해 찬사를 받을 수 있다. 준비에 엄청난 시간을 투자해야 하지만 말이다. 가령 '비프 웰링턴beef Welington(소고기를 파이에 싸서 구워낸 영국 요리)'을 제대로 준비해서 내놓으면, 까다로운 미식가라도 만족시킬 수 있을 것이다. 그런데 과연 거기에 몇 시간을 투자할 만한 가치가 있을까?

내 생각에는 아니다. 당신도 마찬가지로 느낀다면 요리 과정을 단순화하기 위한 다음의 방법을 참고하자.

▸실행법

첫째, 재료의 가짓수가 많지 않은 요리에 집중한다. 요리에 들어가는 재료의 수를 5가지로 제한하는 방식을 추천한다.

둘째, 쉬운 요리법을 수집한다. 그러한 요리법을 잘 알고 익혀둬서 요리할 때 당황하지 않도록 하자. 쉽다고 해서 맛이 없을 이유는 없다. 쉬우면서도 당신의 미각을 만족시켜줄 만한 요리는 아주 많다.

셋째, 남은 음식을 잘 활용한다. 그러면 매일 저녁을 준비하는 데 소요되는 시간을 줄일 수 있다. 가령 오늘 먹은 맛있는 소고기 스튜는 내일 저녁에 먹어도 맛있을 것이다. 차이점이 있다면 내일 저녁에는 그것을 만드는 데 드는 시간을 아낄 수 있다는 사실이다.

핵심은, 부엌에서 보내는 시간을 줄이는 한편 자신이 준비한 요리에 이전과 똑같은 만족감을 느끼는 것이다.

까다로운 다이어트 피하기

다이어트에는 많은 시간과 노력이 요구된다. 그리고 때로는 돈도 들어간다. 예를 들어 작가이자 심리학자인 필 박사Dr.Phil가 추천하는 17일 다이어트 식단을 실천하기 위해서는 모든 것을 추적하며 노트에 기록해야 한다. 심지어 그 이름과는 달리 식단 관리 기간이 17일로 끝나지도 않는다. 각각의 '단계'가 17일 동안 이어지기 때문이다(총 4단계가 있다).

이 식이요법은 대단히 유명하지만, 실행을 위해서는 많은 신경을 써야 한다. 꽤 유행하고 있지만 몸매 관리에 무조건 도움을 주는 것도 아니다. 당신이 정말로 식단 관리를 실천하고자 한다면, 파레토 법칙을 활용해서 지나치게 복잡하지 않은 방법을 선택하기를 추천한다.

▸실행법

첫째, 식단이 어떻게 구성되어 있는지 살펴본다. 복잡한 식이요법을 매일 실천해야 하는지 확인하자. 예를 들어 첫째 날에 X를 먹고, 둘째 날에 Y를 그리고 셋째 날에는 Z를 먹으라는 식인지 말이다. 또한 웨이트워처스Weight Watchers(다이어트 제품 및 프로그램 서비스 브랜드)처럼 복잡한 점수 시스템을 따라야 하는지 살펴보라. 그러한 경우라면 피하자.

둘째, 식단이 자신의 생활방식과 어울리는지 고민해 보라. 외부 활동을 즐긴다면 오랫동안 식사 준비를 해야 하거나 계속해서 냉장 보관을 해야 하는 식단은 되도록 피하자.

셋째, 특정 식단을 말 그대로 따라야만 한다고 생각하지 말라. 결과에 중대한 영향을 미치지 않는 선에서 시간을 절약할 수 있다면 그렇게 하자. 엄격한 실천은 오히려 부작용으로 이어지고, 지속할 의지를 약화시켜 쉽게 포기하게 만든다. 과정의 80%를 준수하는 데 집중하자.

가공식품은 줄이고 천연 재료에 주목하라

나는 다이어트 식단을 옹호하지 않는다. 내가 보기에

그것은 일종의 단기적인 해결책에 불과하며, 장기적인 결과로 이어질지는 다분히 의심스럽다. 우리는 특정 기간에 특정 음식만 제한적으로 먹다가 그 기간이 끝나면 좋아하는 것들을 다시 먹기 시작한다. 나는 이러한 접근방식에 좀처럼 공감할 수 없다.

나는 가공식품 섭취를 줄이는 한편 천연 재료가 포함된 단순한 식사 습관을 고수하는 편이다. 이러한 접근방식은 80/20 법칙과도 조화를 이룬다. 나는 단기적인 다이어트 식단이 요구하는 시간과 노력 그리고 전반적인 번거로움 없이 꽤 건강한 식사 습관을 유지할 수 있다.

요리를 단순화함으로써 우리는 많은 시간과 노력을 아낄 수 있다. 이를 위해 80/20 법칙을 활용할 수 있는 몇 가지 팁을 소개한다.

▸실행법

첫째, 영양이 풍부한 식품에 주목하라. 영양가가 없는 식품은 되도록 식단에 포함하지 말자. 가령 백미가 그렇다. 백미에는 영양가가 없다. 그러므로 백미를 가지고 요리하면서 시간을 낭비하지 말자.

둘째, 자신이 좋아하는 영양가가 높은 식품의 목록을 작성해 보라. 그리고 그것을 유형별로 분류하자. 가령 과일이나 채소, 생선, 닭고기 등의 항목으로 분류해 보자. 이를 통해 2가지 목표를 달성할 수 있다. 먼저, 어떤 식사를 준비해야 할지 결정할 때 기준이 된다. 그래서 요리하는 과정에서 당황하지 않는다. 다음으로 활용할 재료와 식사를 단순화하는 데 도움이 된다.

셋째, 자신이 좋아하는 3가지 점심 요리와 3가지 저녁 요리의 목록을 적어보라. 이는 당신이 즐겨 찾는 메뉴다. 이 목록은 우리가 준비해야 할 잠재적인 요리의 수를 크게 줄여주며, 무엇을 먹어야 할지에 관한 의사결정을 단순화해 준다.

불필요한 부분을 제거할 의지만 있다면, 요리에 많은 시간을 투자하지 않아도 된다. 여기서 파레토 법칙이 매우 소중한 도움을 줄 것이다.

일상의 만족도를 높이는 취미 활동

어떤 이들은 취미가 너무 많다. 한 사례로 최고의 요리사이자 기타 장인, 가라테 검은띠, 양궁 고수, 거기에 체스 그랜드마스터까지 꿈꾸는 사람이 있다. 그의 접시가 가득 찼다고 말하는 것은 아마도 절제된 표현일 것이다.

반면 어떤 이들은 취미가 전혀 없다. 그들은 장기적으로 만족스럽지 않음에도 습관적으로 하던 일을 하면서 시간을 보낸다. 가령 매일 소셜 미디어에 많은 시간을 소비하면서도 전반적으로 만족감을 느끼지 못하는 것이다.

취미는 가정생활에서 보상을 주는 중요한 부분이다. 취미는 스트레스를 덜어주고, 마음을 다스리게 하며, 관심사를 공유하는 이들과 관계를 형성하게 해준다.

취미를 찾는 게 어렵거나 즐길 시간이 없다면, 혹은 취미가 너무 많아 부담을 느끼고 있다면, 80/20 법칙을 활용해 보길 권한다. 지금부터 그 방법을 알아보자.

TV 시청 제한하기

나 역시 그 유혹을 안다. 고된 하루를 마치고 집으로 돌아오면 TV 앞에서 시간을 보내는 것 말고 딱히 하고 싶은 일이 없다. <홈랜드*Homeland*>나 <브로드처치*Broadchurch*> 같은 드라마에 열광하면서, '딱 한 편만 더 보자'라는 유혹에 빠질 때도 종종 있다.

그러다 보면 자신도 모르는 사이에 시간은 후딱 지나가고 아무것도 한 일이 없게 된다. 더 나쁜 것은 TV를 시청하고 난 뒤에 피로감이 더 든다는 사실이다. 자신이 좋아하는 드라마 시리즈가 끝났을 때 우울감을 느끼는 사람도 있다.

상황이 이런데, 누가 취미에 대해 생각하겠는가? 나는 TV 시청을 제한할 것을 권고한다. 더 나아가, 80/20 법칙을 활용해서 판단할 것을 권한다.

▶ **실행법**

첫째, 다양한 스트리밍 서비스(넷플릭스 등)에 가입했다면 하나만 남겨두고 나머지는 해지하라. 비록 좋아하는 프로그램을 포기하게 되더라도, 그것이 현명한 선택이라고 생각한다. 서비스를 해지하기에 지금보다 더 좋은 시점은 없다.

둘째, 자신이 시청하는 프로그램을 검토하라. 얼마나 좋아하는지에 따라 1~10점으로 점수를 매겨보자. 그리고 8점 이하의 프로그램은 포기하라.

셋째, TV 시청 시간을 제한하라. 미국 성인은 평균적으로 하루에 5시간 동안 TV를 본다. 일주일 내내 시청한다면 풀타임 근무 시간과 맞먹는다. 하루 시청 시간을 2시간으로 줄이자.

여기서 핵심은 80/20 법칙을 활용해 취미 활동을 즐기기 위한 자유 시간을 마련하는 것이다. 이렇게 해도 당신이 좋아하는 TV 시리즈 대부분을 거의 놓치지 않을 것이라고 장담한다.

최고의 만족감을 선사하는 취미 택하기

취미는 보상을 주는 것이어야 한다. 그렇지 않으면 도

최고의 만족감을
선사하는

몇 가지만
선택해야 한다.

전할 이유가 없다. 문제는 우리가 즐길 수 있는 취미의 종류가 엄청나게 많다는 사실이다. 우리는 시간 제약 때문에 그 모든 취미를 즐기지 못한다. 그러므로 최고의 만족감을 선사하는 몇 가지를 선택해야 한다.

나는 여기서도 파레토 법칙을 활용하기를 권한다.

▸실행법

첫째, 자신이 좋아하는 모든 활동의 목록을 만든다. 목록을 작성했다면 그중에서 가장 좋아하는 5가지를 선택하자.

둘째, 선택한 5가지 활동에 도전하기 힘들게 만드는 장애물을 떠올려본다. 가령 스키를 선택했다면 먼 거리와 교통이 문제가 될 수 있다. 스카이다이빙을 선택했다면 시간과 돈이 제약 요인이 될 수 있다. 선택한 5가지 활동 중 이와 같은 장애물이 가장 적은 2가지를 선택하자.

셋째, 그렇게 선택한 2가지 취미를 즐기기 위해 다른 사람이 필요한지 생각해 본다. 예를 들어 포커나 농구, 테니스, 당구와 같은 게임을 즐기기 위해서는 다른 사람이 필요하다. 반면 기타 연주나 요리, 정원 관리, 십자말풀이는 그렇지 않다. 혼자서도 얼마든지 가능하다.

2가지 취미 중 한 가지는 다른 사람이 필요한 활동이어도 괜찮다. 다만 다른 하나는 반드시 혼자서도 할 수 있는 것으로 선택하는 것이 좋다.

취미와 목표 결합하기

80/20 법칙의 핵심은 최소의 노력으로 최대의 결과를 얻는 것이다. 이를 위한 한 가지 좋은 방법은 목표 달성에 기여하는 활동을 취미로 선택하는 것이다. 우리는 취미를 위해 시간과 에너지를 투자하면서 많은 긍정적인 효과를 누릴 수 있다. 즉, 투자 대비 높은 수익을 올릴 수 있다는 말이다.

▸실행법

첫째, 당신이 목표로 삼고 있는 것들의 목록을 작성한다. 여기에는 마라톤 완주하기나 새로운 사람 만나기, 혹은 근육량 늘리기 같은 것들이 포함될 수 있다.

둘째, 이러한 목표 달성에 기여하는 취미가 무엇일지 생각해본다. 가령 조깅은 마라톤 완주에 도움이 된다. 사교 모임에 참석하는 일은 관심사를 공유하는 새로운 사람들을 만날 수 있는 좋은 방법이다. 또한 근력 강화 운동은 근육량을 늘리겠다는 목표에 도움이 된다.

셋째, 취미 목록에서 2가지를 선택한다. 너무 부담이 되지 않게 우선 2가지로 시작하는 게 좋다. 시간이 허락한다면 나중에 취미 하나를 더 추가해 보자. 취미와 목표를 결합함으로써 목표 달성을 위한 시간을 늘리지 않고서도 성과를 높일 수 있다. 이것이야말로 파레토 법칙이 추구하는 바다.

취미를 비즈니스로 바꾸기

추가적인 수입을 위해 부업을 시작한다고 해보자. 아무리 규모가 작아도 비즈니스를 운영하는 데는 많은 시간과 에너지가 필요하다. 자신의 취미 중 하나를 비즈니스로 전환함으로써 시간과 에너지의 활용을 극대화할 수 있다면 어떨까?

예를 들어 장신구를 만드는 일을 좋아한다면 제품을 만들어서 엣시Etsy나 이베이eBay, 쇼피파이Shopify 같은 곳에서 팔아보면 어떨까? 그림 그리기 혹은 도자기나 양초 만들기에도 똑같이 해당하는 말이다. 사진을 좋아한다면 친구나 친지 들에게 서비스로 사진을 찍어줄 수 있고, 빵 굽기를 좋아한다면 빵을 만들고 케이크를 장식하는 일을 부업으로 삼을 수도 있다.

여기서 핵심은 시간의 활용을 극대화하는 것이다. 당신이 즐겨 하고 무료로 할 수 있는 활동을 선택하라. 그리고 당신의 전문 기술을 제공함으로써 수입을 올려보자.

▶ **실행법**

첫째, 혼자 할 수 있는 취미의 목록을 작성한다. 다른 사람이 없어도 즐길 수 있는 활동은 많이 있다.

둘째, 이러한 취미를 즐기는 동시에 당신이 제공할 수 있는 제품이나 서비스(가령 장신구 제작이나 빵 굽기, 혹은 가족 초상화 그리기 등)에 대해 브레인스토밍을 해본다.

셋째, 시장에 쉽고 간편하게 내놓을 수 있는 취미가 무엇일지 찾아본다. 그것이 바로 적어도 부업을 시작하는 관점에서 가장 이상적인 취미다.

지금 취미가 없다면 하나를 선택해 보길 권한다. 반대로 너무 많다면 정리하라. 자신이 좋아하는 활동을 최대한 즐길 수 있는 '비결'은 그것을 위한 충분한 시간을 마련하는 것과 다른 모든 것을 제외한 몇 가지 취미에 집중하는 것이다.

다시 말해, 80/20 법칙을 적용하는 것이다.

삶의 질이 올라가는 여가 활용법

자유 시간은 아무리 많아도 부족하다. 우리에게 허락된 짧고 소중한 시간은 너무나 빨리 사라진다. 그러므로 주어진 시간을 최대한 활용하려는 노력이 중요하다.

질문은 이것이다. 자유 시간의 가치를 어떻게 평가할 수 있을까? 우리가 그 시간을 현명하게 활용하고 있는지 어떻게 판단할 수 있을까?

이 질문에 대한 대답은 저마다 다를 것이다. 나는 개인적인 차원에서 삶의 질을 최대한 높이는 방식으로 자유 시간을 활용하고자 한다. 단지 힘든 하루 끝에 휴식을 취하는 것만을 의미하는 건 아니다. 나는 내가 추구하는 여가 활동으로부터 최대한 많은 가치를 끌어내길 원한다.

나는 파레토 법칙을 활용하여 자유 시간을 보내는 방식을 최적화했다. 이런 방식이 당신에게도 도움이 될 것이라 확신한다. 적은 노력으로 더 많은 것을 누리기 위해 오늘 당장 시작할 수 있는 4가지 항목을 소개한다.

재미없는 소설은 그만 내려놓기

과거에 나는 책을 읽다가 중간에 포기하는 것을 불편해했다. 그 이유 중 하나는 좀 더 읽다 보면 재미있어질 것이라는 희망 때문이었다. 그러나 더 큰 이유는 중간에 그만두는 것에 죄책감이 들었기 때문이다. 나는 스스로에게 이렇게 말했다. "포기하지 말자. 끝까지 다 읽자!" 그러고는 억지로 다시 책을 집어 들고 꾸역꾸역 읽어나갔다.

지금은 이것이 바보 같은 행동이라고 생각한다. 내 생각에, 인생은 재미없는 책을 읽으며 시간을 흘려보내기엔 너무 짧다. 그러한 책을 끝까지 읽다가는 더 흥미로운 다른 과제로 넘어가지 못하게 된다.

80/20 법칙은 20%의 책이 80%의 즐거움을 가져다준다고 말

한다. 이는 우리가 읽는 책의 80%는 시간 낭비라는 말을 부드럽게 표현한 것이다. 이러한 관점에서 80/20 법칙을 활용함으로써 효과적으로 소설을 읽는 방법을 알아보자.

▸ 실행법

첫째, 자신의 관심사를 자극하는 소설을 선택한다. 공상 과학을 좋아한다면 순수 문학을 선택하지 말자. 심리 스릴러를 좋아하면서 정치 풍자를 선택할 필요도 없다. 물론 언젠가는 순수 문학과 정치 풍자 장르를 즐길 수도 있을 것이다. 하지만 새로운 장르를 탐험해 보겠다는 구체적인 의지가 없는 한, 기존 취향을 고수하는 편이 낫다.

둘째, 책이 재미없다면 25%까지만 읽는다. 4분의 1 지점까지 읽고도 재미가 없다면 그 후로도 흥미를 느끼기는 어려울 것이다. 물론 그럴 가능성이 아예 없는 것은 아니지만, 시간 낭비를 줄이기 위해서라도 중단하는 게 더 낫다.

셋째, 좋아하는 작가를 발견하거든 그 작가의 작품에 집중한다. 그가 쓴 모든 작품을 읽어보자. 나는 마음에 드는 소설을 발견하면 그 작가의 다른 작품도 충분히 즐길 만하다는 사실을 깨달았다.

핵심은, 나머지를 제쳐두고 대부분의 즐거움을 가져다줄 20%

의 책에 집중하는 것이다. 물론 언젠가는 낯선 저자의 책과 낯선 장르도 시도해야 한다. 하지만 효율적인 독서를 위해서는 자신에게 맞는 것을 고수하자.

80/20 법칙을 적용한 독서법

나는 소설 이외의 책도 종종 읽는데, 대부분이 자기계발 분야의 책들이다. 오랫동안 나는 책에서 최대한 많은 것을 배우려는 전략을 고수했다.

내 생각에, 소설을 제외한 분야의 책을 읽는 데는 올바른 방식과 잘못된 방식이 있다. 올바른 방식은 80/20 법칙을 기반으로 독서를 하는 것이다. 나는 이 법칙을 독서에도 적용해 보기를 진심으로 권한다.

▸ 실행법

첫째, 소설의 경우와 마찬가지로 책을 반드시 끝까지 읽어야 한다는 부담감을 버려라. 재미가 없으면 포기하자. 그리고 더 유용하고, 흥미롭고, 통찰력이 돋보이는 책으로 넘어가자.

둘째, 본격적인 독서에 앞서 목차를 살펴보라. 그리고 자신과 직접적인 관련이 있는 항목부터 찾아 읽자. 다시 한번 말하지만, 책을 처음부터 끝까지 읽어야 한다고 생각하지 말자. 자신과 관련 있는 내용으로 곧바로 건너뛰어도 좋다. 목차는 독서의 로드맵을 제시한다. 목차에서 우리는 저자의 출발점과 목적지 그리고 어떻게 목적지를 향해 나아가려고 하는지를 확인할 수 있다.

셋째, 중요한 대목에 표시하라. 종이책을 읽는다면 형광펜을 사용하자. 킨들이나 스마트폰으로 읽는다면 하이라이트 기능을 쓰자. 그리고 나중에 그 부분을 다시 확인하고 거기서 새로운 통찰을 끌어내자.

우리가 소설 이외 분야의 책을 읽는 것은 무언가를 배우기 위해서다. 파레토 법칙을 활용해서 '중요한' 내용을 재빨리 배우자.

인터넷 서핑에 빼앗긴 시간 되찾기

나는 우리의 집중력과 생산성을 유지하는 데 최대 걸림돌은, 인터넷이라고 생각한다. 웹 사이트에 한 번 방문하는 것은 슬롯머신을 한 번 잡아당기는 것과 같다. 이 경우, 우리는 흥미로운 콘텐츠(유명인의 뉴스나 소셜 미디어 논쟁 등)를 얻는 행운을 기대한다.

우리의 뇌는 그러한 콘텐츠를 작은 잭팟으로 여긴다. 그런 콘텐츠를 발견할 때 뇌에는 도파민이 흘러넘치고, 또다시 슬롯머신을 잡아당기도록 자극한다. 이러한 흐름이 계속 이어지면서 중단하기는 점점 더 힘들어진다.

이는 결코 여가를 보내는 것이 아니다. 그 순간에는 만족감이 들더라도 결국에는 공허한 느낌만이 남는다. 인터넷 습관이 자유 시간을 모두 빼앗아가고 있다는 생각이 든다면, 80/20 법칙을 활용해서 서핑 활동을 줄여보자.

▸ 실행법

첫째, 주중에 가장 많이 방문하는 20개의 웹 사이트 목록을 작성한다. 다음으로 각각의 사이트에서 보내는 시간의 양을 기록하자. 정확하게 기록할 수 없다면 레스큐타임RescueTime처럼 온라인 활동을 추적하는 앱을 사용해 보는 것도 좋다.

둘째, 앞으로도 방문해야 할 5개 사이트에 동그라미를 친다. 당신이 대부분의 시간을 보내게 될 온라인 공간이다.

셋째, 매일 서핑을 시작하면서 타이머를 60분으로 맞춘다. 그리고 이들 5개 사이트를 방문할 때마다 시작 버튼을 누른다. 서핑을 멈출 때는 중지 버튼을 누르자. 타이머를 새로 설정하지 말고 종일 이 작업을 지속해 보자. 마침내 타이머가 0에 도달할 때,

그날의 웹 서핑 시간은 실제로 끝난 것이다.

이러한 3가지 전략을 통해 온라인에서 보내는 시간의 양을 크게 줄일 수 있다. 덕분에 다양한 활동을 할 자유 시간을 확보할 수 있고, 보다 생산적이고 보상을 주는 과제로 주의를 전환할 수 있다. 예를 들어, 평소 관심 있던 강의를 듣거나 사랑하는 사람과 시간을 보낼 수 있고, 새로운 기술을 습득함으로써 능력을 계발해 나갈 수도 있다.

직장과 가정 그리고 모든 곳에서

80/20 법칙은 직장에서 효과적인 것처럼 가정에서도 효과적이다. 실제로 80/20 법칙은 적은 노력으로 많은 성과를 올리기 위한 모든 곳에 적용할 수 있다.

3장에서는 인간관계에 주목해 볼 것이다. 파레토 법칙을 통해 사회적 삶과 가정생활 그리고 사랑하는 이들과의 관계 수준을 놀라운 방식으로 개선할 수 있다는 사실을 이해하게 될 것이다.

3장

관계 효율 극대화

인간관계는 삶의 질에서 큰 부분을 차지한다. 우리는 사랑하는 사람이나 친구와의 관계 속에서 스스로 소중한 존재라는 느낌을 받는다. 그리고 이들을 통해 안전하고 편안한 기분을 얻는다. 어려운 문제에 직면할 때, 지원과 격려를 아끼지 않을 이들이 가까이 있다는 사실만으로 위로가 된다.

이처럼 인간관계는 중요하고, 또한 섬세한 방식으로 우리 삶을 풍요롭게 만든다. 그래서 우리는 그 관계를 잘 가꾸어 나가야 한다.

그러나 안타깝게도 많은 이가 부주의로 인간관계를 허물어뜨리고 만다. 소셜 미디어에 빠져서 온라인상의 관계가 개인적으로 누리는 관계만큼 풍요롭고 다채롭다고 믿게 된다.

사실은 그렇지 않다. 우리는 온라인 친구들과 함께 어울리고, 가십거리를 나누며, 요즘 유행하는 영화나 드라마에 관해 이야기를 나누지만, 사실 그들은 우리를 잘 알지 못한다. 적어도 현실 세상의 친구들만큼은 알지 못한다는 것이다.

온라인 친구들과 끊임없이 어울리면서도 예전보다 더 외로움을 느끼는 것이 과연 정상인 걸까?

우리는 사회적인 삶에 관심을 기울임으로써 더 많은 도움을 얻을 수 있다. 행복감과 만족감은 '많은' 관계로부터 나오는 것이 아니다. 그것은 '올바른' 관계를 개발하고 키워나가는 노력에서 찾아온다.

이제 파레토 법칙을 활용해서 중요한 인간관계에 주목하는 방법을 살펴보자.

사랑하는 사람과 함께하는 시간

우리는 종종 사랑하는 사람들의 존재를 당연하게 여긴다. 물론 매일 의식적으로 하는 것은 아니지만, 항상 그렇게 된다. 배우자와 자녀가 지금 우리 곁에 있기에 그들이 앞으로도 영원히 그럴 것이라는 인식을 갖게 된다. 그들이 언제나 거기에 있고, 영원히 그럴 것이라고 생각하면서 말이다.

그래서 우리는 이처럼 중요한 관계에 쉽게 소홀해진다. 인간의 본성이 그렇다. 인간은 본래 사라질까 봐 두려운 대상에 주의를 기울이기 때문에 오히려 삶에서 가장 중요한 관계를 돈독하게 만들어가지 못한다. 참 아이러니한 사실이다.

사랑하는 사람들과의 유대감이 약해졌다는 생각이 든다면, 이제 이를 강화시킬 때가 되었다. 지금부터 80/20 법칙을 바탕으로 중요한 인간관계를 최우선순위로 만드는 방법이 무엇인지 살펴보자.

소중한 사람에게 충분한 관심 주기

우리는 가족의 요구에 편안하게 대응한다. 가령 배우자가 도움을 요청할 때 기꺼이 수용하고, 자녀에게 도움이 필요할 때 쉽게 손을 내민다.

이로써 우리는 가족이 성장하도록 자신이 도움을 주고 있다고 생각하게 된다. 하지만 사실 이는 성장이 아니라 제자리걸음에 불과하다. 이러한 익숙함이야말로 가족에게 느끼는 고유하고 감성적인 유대감을 서서히 위축시킨다.

당신은 아마도 친구들로부터 그들의 배우자가 룸메이트처럼 여겨진다거나, 자녀들이 하숙생처럼 느껴진다는 푸념을 들어봤을 것이다. 이는 사랑하는 사람이 받아 마땅한 관심을 충분히 주고받지 못했을 때 나타나는 현상이다.

하나 다행스러운 소식은, 파레토 법칙을 통해 상황을 쉽게 바꿀 수 있다는 사실이다.

▶ 실행법

첫째, 가족과 교류하는 시간의 80%는 사소한 일 때문이라는 사실을 명심하라. 대부분의 일들은 특별한 사안이 아니다. 그러한 교류는 일반적으로 부차적인 것이며, 배우자 및 자녀와의 관계를 강화하는 일과는 전혀 무관하다. 이를테면, 우리는 배우자에게 대출을 갚았는지, 문단속을 제대로 했는지 물어본다. 혹은 자녀에게 숙제를 다 했는지, 친구랑은 잘 지내는지 묻는다.

둘째, 가족과의 의사소통에 주의를 기울여라. 사랑하는 사람이 질문할 때, 우리는 종종 짧고 가볍게 대답한다. 예를 들어 "오늘 기분이 어때?"라는 질문에 그저 "좋아"라고 대답하는 식이다. 이렇게 말하는 대신에 시간을 갖고 구체적이고 신중하게 대답해보는 건 어떨까? 그리고 사랑하는 사람에게 그런 질문을 던졌을 때도, 그들의 대답에 좀 더 주의를 기울여보는 것이다. 더 깊은 의사소통이 더 깊은 관계로 이어진다.

셋째, 사랑하는 사람과 함께할 수 있는 활동을 계획하라. 가령 배우자와 함께 매주 데이트를 즐겨보자. 자녀가 아직 어리다면 일주일에 몇 번은 공원으로 나가서 함께 놀자. 자녀가 어느 정도 컸다면 박물관 구경이나 낚시, 혹은 등산처럼 함께 할 수 있는 야외 활동을 계획하고 즐겨보자. 그것도 어렵다면 집에서 보드게임을 하는 것도 좋다.

사랑하는 사람과 함께 보내는 시간 중 20%는 그들과 공유하는 연대감을 강화하는 데 중요한 역할을 한다. 이러한 기회가 우연히 일어나기만을 바라면서 내버려두지 말고, 의도적으로 만들어보자. 시간과 노력이 필요한 일이지만, 그 결과는 투자를 가치 있게 만들어줄 것이다.

휴대전화 사용 금지 시간 정하기

휴대전화는 가족과의 소중한 시간을 방해하는 주요 원인이 되곤 한다. 우리는 휴대전화를 항상 들고 다닌다. 휴대전화는 세상과 소통하는 데 주요한 통로다. 그래서 우리는 끊임없이 휴대전화를 사용한다.

문제는 휴대전화가 우리의 주의를 모두 앗아간다는 사실이다. 우리는 습관적으로 휴대전화를 집어 들고 문자와 이메일을 확인하고 전화를 받는다. 가족과 저녁을 먹는 동안에도 마찬가지다. 우리는 중요한 대화를 나누다가도 그렇게 한다. 그리고 레스토랑이나 극장에서, 심지어 캠핑을 하면서도 그렇게 한다.

휴대전화를 확인하고 싶은 충동을 억누르기는 정말로 힘들다. 마치 파블로프의 개가 종소리만 들려도 침을 흘리는 것과 같다.

휴대전화가 우리를 지배한다면, 그것은 틀림없이 우리 가족에게도 영향을 미칠 것이다. 80/20 법칙을 활용해서 휴대전화의 유혹에 저항하는 방법을 살펴보자.

▸ 실행법

첫째, 모든 메시지의 80%는 중요하지 않다는 사실을 인식하라. 어쩌면 90%가 그럴 것이다. 중요하지 않은 메시지는 얼마든지 무시해도 좋다.

둘째, 가족과 좋은 시간을 보낼 때는 휴대전화를 꺼두어라. 그 시간을 방해할 만큼 가치가 있는, 정말로 급한 메시지가 올 가능성은 대단히 작다. 장담한다.

셋째, 가족들 역시 휴대전화를 꺼두게 하라. 가족이 함께하는 시간을 '휴대전화 사용 금지 시간'으로 정해보자.

짜증 나는 일의 80% 무시하기

배우자와 자녀는 사랑스러운 만큼 또 우리를 짜증 나게 만든다. 인정하는 게 불편하겠지만, 그건 사실이다(우리 역시 가족을 종종 짜증 나게 만들 것이다).

가령 배우자가 설거지를 잔뜩 쌓아놓은 것이 못마땅할 수 있다. 자녀들이 소파 틈새에 집어넣은 쓰레기를 보며 투덜댈 수도 있다. 집 안에서 신발을 벗으라고 아무리 얘기해도 아이들은 카펫에 습관적으로 진흙을 묻히곤 한다.

가족이 이러한 행동을 할 때 짜증을 내지 않고 웃는 얼굴로 대하기란 결코 쉽지 않다. 여기서 나는 파레토 법칙을 활용해서 짜증을 다스리기를 권한다.

▸실행법

첫째, 왜 짜증이 났는지 생각해 보라. 그 이유는 대개 자신을 짜증 나게 만든 행동을 한 사람과 관련이 없다. 사실 대부분의 짜증은, 바로 조금 전 있었던 상황에서 비롯된다. 예를 들어 꽉 막힌 도로에서 90분을 보내고 왔다면 집에서 와인을 한잔하면서 재미있는 소설을 읽었을 때보다 더 쉽게 짜증이 날 것이다. 폭발 직전이라면 짜증 나게 만든 사람을 비난하기에 앞서 한 번만 더 생각해 보자.

둘째, 짜증 나게 만드는 일 중 80%는 사소한 것이라는 사실을 인식하라. 그것들은 하나도 중요하지 않다. 가령 싱크대에 쌓여 있는 접시를 보고 짜증을 내느니 1분 동안 설거지를 하라. 용서하고 잊어버리자.

셋째, '이 또한 지나가리라'라는 마음가짐을 지녀라. 이러한 방법이 다소 이상해 보일 수도 있지만, 이렇게 생각해 보자. 우리는 순간적으로 흥분해서 짜증을 낸다. 자신이 싫어하는 일이 일어나면 즉각적으로 짜증을 낸다. 이성적인 사고가 아니라 감정적인 반응에서 비롯된 행동이다. '이 또한 지나가리라'라고 마음을 다잡으면, 자신을 짜증 나게 만드는 일의 일시적인 속성을 깨닫게 된다. 우리를 짜증 나게 만드는 것 대부분은 사소하고 순간적인 것이며, 바로 그렇기 때문에 화를 낼 가치가 없다.

좋은 친구와 유대감 강화하는 법

대부분의 사람들은 많은 친구를 갖고 있다. 좀 더 정확하게 말해서, 그들에겐 친구라고 생각하는 주변 사람이 너무 많다. 똑같은 말이다. 우리는 자신에게 중요하지 않은, 너무 많은 우정을 유지하기 위해 제한된 시간을 허투루 낭비한다. 넓은 인맥이 언젠가는 자신에게 큰 도움이 될 거라고 기대하면서 말이다.

문제는 미심쩍은 우정에 더 많은 시간을 쓸수록 자신을 진정으로 행복하게 만들어주는 우정에는 더 적은 시간을 할애하게 된다는 것이다. 정작 우리에게 필요한 것은 관계의 규모를 줄이려는 노력이다.

우리는 어떤 친구에게 많은 시간을 할애하고 집중해야 할지 확인하기 위한 유용한 도구로 80/20 법칙을 활용할 수 있다.

80% 시간을 함께하는 20%의 친구 확인하기

당신은 아마도 비교적 적은 수의 친구와 많은 시간을 보낼 것이다. 예를 들어 당신에게 100명의 친구가 있다고 해도 당신은 80%의 시간을 20%의 친구와 보낼 것이다. 이 말이 대부분의 시간을 20명의 친구와 보내야만 한다는 뜻은 아니다. 다만 당신이 그렇게 하고 있을 것이라는 말이다.

가장 소중한, 즉 가장 높은 만족감을 주는 우정을 키워나가기 전에, 최근에 누구와 많은 시간을 보내고 있는지 파악해야 한다.

▸실행법

첫째, 상위 100명의 친구 목록을 작성한다.

둘째, 한 달을 기준으로 그들과 얼마나 많은 시간을 보냈는지 적어본다. 여기에는 직접 만나서 보내는 시간은 물론, 전화 통화나 문자 및 이메일을 주고받는 데 들어간 시간까지 포함된다.

셋째, 가치가 낮은 친구보다 시간을 덜 할애하는 좋은 친구를 확인한다(뒤에서 더 많은 이야기를 나누어볼 것이다).

소모적인 관계 정리하기

친구와 충분히 많은 시간을 보내지 못한다고 느끼는 사람들이 많다. 그들은 무관심 때문에 친구들이 서서히 멀어져 간다고 아쉬워한다.

그렇게 느끼는 가장 일반적인 이유는 너무 많은 친구를 유지하려고 하기 때문이다. 자신의 시간을 너무 많은 방향으로 분산시킨 탓에, 높은 만족감을 주는 친구와 함께할 시간이 조금밖에 남지 않는 것이다.

지금 이러한 상황에 처해 있다면, 그 해결책은 유지하려는 친구의 규모를 줄이는 것이다. 이를 위해 몇 가지 아이디어를 제시하겠다.

▸실행법

첫째, 얼마나 많은 시간을 친구들과 함께 보낼 수 있는지 생각한다. 풀타임으로 일하고 가족이 많다면 파트타임으로 일하는 20대 독신보다 친구와 보낼 시간이 훨씬 적을 것이다.

둘째, 가장 친한 100명(혹은 얼마나 많은 친구가 있든 간에)의 친구 목록을 살펴본다. 당신은 아마도 그 수를 절반으로 줄일 수 있을 것이다. 정리해야 할 대상은 함께 시간을 거의 보내지 않고, 그리 가깝지 않으며, 공통의 관심사가 적은 '친구들'이다.

가장 소중한, 가장 높은
만족감을 주는
우정을 키워나가라.

셋째, 소모적이라고 판단한 절반(혹은 그 이상)의 친구에게 연락을 자제한다. 이것이 무정한 방식처럼 보일 수 있다. 그리고 실제로 그렇다. 하지만 가장 중요한 친구에게 집중하기 위해서는 자신에게 많은 자유를 주어야 한다. 당신이 별로 중요하지 않다고 생각하는 친구들 역시 당신을 별로 중요하지 않게 여길 것이라고 생각하면 그나마 안심이 될 것이다.

가장 좋은 친구를 구별하는 법

마지막 단계는 '친구 A' 목록을 만드는 것이다. 여기에는 비밀을 함께 공유하는 친구들이 포함된다. 그들은 당신의 이익을 위해 행동하고, 필요한 시간에 도움을 줄 친구들이다. 그리고 힘든 시기에 도움을 주고, 언제나 당신을 응원하며, 당신의 성공을 진심으로 축하해 줄 사람들이다.

당신이 대부분의 사람과 비슷하다면, 그러한 친구를 한 손에 꼽을 수 있을 것이다. 시간이 제한되어 있다는 점에서 다행스러운 소식이다. 문제는 일부러 시간을 내서 그들을 확인하지 않는 한, 그들이 누구인지 알 수 없다는 것이다.

▸ **실행법**

첫째, 자신이 중요하게 여기는 친구의 자질을 솔직하게 적어 본다. 스스로 최고의 친구를 만들어내고 있다고 생각하자.

둘째, 앞에서 정리한 친구 목록을 검토한다. 가장 친한 100명의 목록에서 소모적이라고 생각하는 관계를 제외한 그 목록이다.

셋째, 목록 속에 있는 각각의 친구를 평가해 본다. 자신이 중요하게 여기는 자질 중 얼마나 많은 것을 가졌는지 생각해 보자. 이를 기준으로 각각의 친구들에게 1~10점의 점수를 매겨보라.

이러한 방식이 지나치게 가혹해 보일 수 있다. 하지만 이것이야말로 자신이 가장 좋아하는 친구를 확인하기 위한 실질적인 방법이다. 어쩌면 많은 시간을 함께 보내는 친구가 자신이 정말로 소중하게 생각하는 유형의 친구가 아니라는 사실을 발견하게 될지 모른다. 우리는 이러한 방식을 통해 관계를 지속할 것인지에 대해 합리적인 판단을 내릴 수 있다.

우정이 자신의 가치와 요구, 경험, 기대와 조화를 이룰 때, 우리는 더 큰 만족감을 얻는다. 하지만 대다수는 상황적인 우정, 즉 환경에서 비롯된 우정에 시간과 주의를 집중한다.

우리는 파레토 법칙을 앞세워 안개를 헤치고 나감으로써 우리에게 많은 행복감을 줄 친구를 확인할 수 있다. 그리고 그들에게 충분한 시간과 주의를 기울여 관계를 더욱 발전시킬 수 있다.

새로운 사람을 만나는 효율적인 방법

좋은 사람을 만나기는 쉽지 않다. 우리가 해야 할 일은 새로운 사람 중 어떤 사람을 친구로 발전시킬지 결정하는 것이다. 80/20 법칙은 양보다 질이 중요하다고 말한다. 그래서 많은 사람 중에서도 개성과 가치관, 경험이 우리의 것과 조화를 이루는 사람을 찾아내 친해지는 것이 중요하다.

우리의 목적은 '완벽한' 친구를 찾는 일이 아니다. 완벽한 친구란 없다. 다만 우리가 만나는 사람을 평가하여 우리 삶에 긍정적이고, 충만하고, 장기적인 영향을 미칠 수 있는 사람이 누구일지 구별해야 한다.

여기서도 파레토 법칙을 활용하자.

모든 사람과 친구가 되려고 하지 않기

새로운 사람에게 우호적이고 친근한 모습을 보이는 것과, 모든 새로운 사람과 친구가 될 수 있다고 생각하는 것은 전혀 다른 문제다.

일반적으로 사람들은 첫 만남에서 상대에게 최대한 긍정적인 모습을 보이고 싶어 한다. 낯선 이에 대한 첫인상은 그들의 겉모습에서 비롯된다. 우리가 사람의 마음을 읽는 데 아무리 능하다고 해도 상대의 본성을 한눈에 파악할 수는 없다.

그러므로 우리는 낯선 이가 진정한 친구가 될 수 있을지를 신속하게 판단하는 방법을 알고 있어야 한다. 대부분은 그렇지 않지만, 일부는 우리의 진정한 친구가 될 수 있다.

그 과정에서 우리는 80/20 법칙을 활용함으로써 시간을 아낄 수 있다. 새로운 우정의 가능성을 평가할 때도 80/20 법칙을 기준으로 삼아보자.

▸ 실행법

첫째, 우리가 만나는 사람 중 다수가 진정한 친구로 남지 않을 것이라는 사실을 인정하라. 가능성은 대단히 작다. 특히 나이가 들어갈수록 사람들은 가치관과 신념을 더 중요하게 생각하게 된다. 그런데 낯선 이의 가치관과 신념이 우리의 것과 조화를 이룰 가능성은 크지 않다. 그리고 그 가능성은 나이가 들어갈수록 더 작아질 것이다.

둘째, 이러한 생각을 바탕으로 신속하게 가까워질 것처럼 보이지만 장기적인 관계의 가능성이 낮은 새로운 기회는 기꺼이 포기하라. 당신은 아마도 대다수의 경우가 여기에 해당한다는 사실을 발견하게 될 것이다.

셋째, 우호적인 태도를 유지하라. 대부분의 새로운 관계가 곧바로 실패로 돌아간다고 해도, 결국에는 진정한 친구가 될 사람을 만날 가능성도 배제할 수 없기 때문이다. 몇 년 전 나는 이를 경험했다. 나는 커피숍에서 누군가를 만났고, 우리의 가치관과 경험, 목표가 비슷하다는 사실을 발견했다. 지금 그 친구는 나의 사회적 삶에서 중요한 부분을 차지하고 있다. 이러한 기회가 대단히 드물기는 해도 아예 없지는 않다.

내 성격을 보완해 줄 사람에게 집중하기

우리는 자신의 성격을 보완해 주는 사람과 잘 어울린다. 상대가 우리 자신의 이미지를 그대로 반영해야 한다는 말은 아니다. 상대가 나와 '똑같은' 성격을 가져야 한다는 뜻이 아닌, 상대의 지배적인 특성이 우리의 특성과 조화를 잘 이루어야 한다는 말이다.

예를 들어 MBTI Myers-Briggs personality type indicator(마이어스-브릭스 성격 유형 지표)[•]에 대해 생각해 보자. MBTI는 16가지의 고유한 성격 유형을 제시한다. 그중 하나인 ISTJ는 내향형introversion(I), 감각형 sensing(S), 사고형 thinking(T), 판단형 judgment(J)을 의미한다. 이러한 성격 유형을 가진 사람은 일반적으로, 실용적이고 체계적이며 책임감이 강하다고 알려져 있다. ISTJ는 다른 ISTJ와도 잘 어울리고, 여러 다른 성격 유형을 보완해 주기도 한다. 지배적인 특성이 다르다고 해도 ISTJ는 여러 다른 유형의 주요 특성과 잘 들어맞는다.

새로운 사람을 만날 때, 우리는 그들의 성격에 많은 주의를 기울인다. 그들이 말하는 것을 보고 '어느 정도' 그들을 이해한다. 하지만 구체적인 질문을 던짐으로써 그들의 성격을 훨씬 더 잘 이해할 수 있다.

▸ **실행법**

첫째, MBTI가 정의하는 16가지 성격 유형을 숙지하라. 자신

• http://www.myersbriggs.org/my-mbti-personality-type/mbti-basics/

이 어느 유형인지 파악하고 어떤 유형이 자신과 잘 어울리는지 살펴보자. 이를 통해 우리는 새로운 관계 맺기에 굳이 필요하지 않은 많은 요소를 제거할 수 있다.

둘째, 보완적인 성격 유형의 지배적인 특성을 살펴보라. 예를 들어 당신의 유형이 ISTJ라면 보통 ESTP[외향형(E), 감각형(S), 사고형(T), 인식형(P)]와 잘 어울린다. ESTP의 지배적인 특성으로는 탁월한 상황 판단과 직설적인 의사소통, 적극적인 대화 참여가 있다.

셋째, 보완적이지 않은 성격 유형을 가진 사람과 오랜 시간을 보내지 마라. 예를 들어 MBTI에서 ISTJ는 INFP[내향형(I), 직관형(N), 감정형(F), 인식형(P)]와 잘 어울리지 않는다. 낯선 이에게서 INFP의 지배적인 특성이 엿보인다면, 그와의 교류를 제한함으로써 시간을 아낄 수 있다.

MBTI가 성격 유형들 간의 적합성을 판단하는 데 100% 확실하거나 최종적인 기준은 아니다. 하지만 80/20 법칙과 조화를 이루는 편리한 도구임에는 분명하다. 우리가 추구해야 할 것은 '완벽'이 아닌 '효율'이라는 점을 명심해야 한다.

'후보'를 판별하는 필터 활용법

지금까지 친구 관계를 맺고자 하는 사람의 수를 제한하고 성격 유형을 활용해서 그 과정을 더 간편하게 (혹은 적어도 더 체계적으로) 수행하는 방법에 대해 알아보았다. MBTI는 후보를 걸러내기 위한 꽤 유용한 도구다. 하지만 앞으로 어울릴 수 있는 잠재적인 친구를 보다 효과적으로 선택하기 위해서는 추가적인 필터를 적용해야 한다.

이것 역시 MBTI와 마찬가지로 새로운 사람을 만날 때 파레토 법칙을 활용하는 또 다른 방법이다.

▸실행법

첫째, 자신이 싫어하는 성격 유형의 목록을 작성하라. 가령 논쟁적이거나 자아도취적이거나 다른 이의 험담을 하는 성격이 포함될 수 있다.

둘째, 자신이 얼마나 불쾌하게 생각하는지를 기준으로 각각의 특성에 1~10점의 점수를 부여해 보라.

셋째, 이 목록을 바탕으로 자신이 만난 사람이 친구 관계를 맺을 만한 가치가 있는지 판단하라.

예를 들어 당신의 MBTI가 ISTJ라고 해보자. 당신은 일반적으로 ESTP와 잘 맞는다. 그러나 이기적이고 오만하고 고집불통인 ESTP를 만났다고 해보자. 당신은 그 3가지 특성을 무척 싫어한다. 그러한 경우라면, MBTI에 의존할 것이 아니라 자신의 필터를 신뢰하는 편이 더 낫다.

80/20 법칙은 평생 관계를 맺을 사람을 판단하는 데 적용할 수 있는 효과적인 기준이다.

성사율이 올라가는 데이트

데이트를 망치고 나서 무엇이 잘못되었던 건지 궁금해한 적이 있는가? 당신은 아마도 내면의 비판자가 가상의 결함을 지적하도록 내버려두면서 자신을 비난했을지 모른다. 아니면 데이트 상대의 변덕스럽고 소극적이며 냉소적인 태도를 원망했을지도 모르겠다.

진실은 그 데이트가 처음부터 잘못될 운명이었다는 것이다. 당신은 그저 자신과 잘 어울리지 않는 사람을 만났을 뿐이다.

제한된 자원과 경쟁하는 요구 때문에 어려움을 겪게 되는 우리 인생의 다른 부분과 마찬가지로, 여기에도 한 가지 손쉬운 해결책이 있다. 80/20 법칙이다. 우리는 이 법칙을 기준으로 누구를 만나야 할지, 언제 포기해야 할지를 더 쉽게 결정할 수 있다. 그리고 장기적인 전망이 없는 관계를 좇느라 소중한 시간을 허비하지 않을 수 있다.

발전 가능성이 있는 상대를 고르는 법

자신과 잘 맞는 상대를 찾기 위해 데이트를 하고 있다면, 아마도 최대한 많은 사람을 만나봐야 한다고 생각할 것이다.

그래서 어떤 이들은 스피드 데이트(여러 상대를 돌아가며 잠깐씩 만나보도록 하는 행사)에 참여하기도 한다. 그들은 많은 사람을 만날수록 자신과 어울리는 사람을 발견할 확률이 올라간다고 생각한다. 그래서 단기간에 수십 명의 잠재적 파트너를 만나 아주 짧은 시간 동안 이야기를 나눈다.

문제는, 3~5분은 상대가 자신의 장기적인 파트너로서 가능성이 있는지 판단하기에 충분한 시간이 아니라는 점이다. 실제로 광범위한 데이트 방식이 감정적인 만족감을 높이는 것과 아무런 관련이 없다는 연구 결과가 있다.*

* http://www.indiana.edu/~abcwest/pmwiki/pdf/lenton.ieee.2008.pdf

우리는 더 많은 선택권에 직면할수록 그중 하나를 선택하는 데 더 큰 어려움을 겪는다.* 다시 말해, 더 적은 것이 더 많은 것이다.

이러한 생각은 또한 파레토 법칙에도 완전하게 들어맞는다. 그러므로 나는 파레토 법칙을 활용해서 데이트 상대를 결정하라고 권고한다.

▸실행법

첫째, 누군가와 데이트하겠다고 결심하기에 앞서, 정말로 그 사람을 좋아하는지, 아니면 그저 외로움을 달래기 위한 것인지 자신에게 물어보라. 후자의 경우라면 데이트를 하지 말자. 결국 당신은 그 사람을 잠재적인 장기적 파트너가 아니라, 외로움을 달래기 위한 수단으로 바라보게 될 것이다.

둘째, 관계에서 무엇을 원하는지 분명하게 파악하라. 자신이 가장 중요하게 생각하는 특성 5가지를 적어보자. 그리고 이를 잠재적인 데이트 상태를 거르기 위한 기준으로 활용하자.

셋째, 만나기 전에 상대에게 질문을 하라. 상대가 무엇을 중요하게 생각하는지 확인하자. 그 사람의 관심사와 목표를 파악하자. 그렇다. 어떤 사람과 데이트하기로 했다면, 당신은 이러한 것들에 관해서 자세하게 이야기하길 원할 것이다. 그러나 상대

* http://rsbl.royalsocietypublishing.org/content/early/2011/02/24/rsbl.2011.0098

를 전반적으로 이해하기 위해 미리 질문하는 것은 데이트가 애초에 가치 있는 일인지 판단할 수 있게 한다.

파레토 법칙에 따를 때, 데이트하는 동안 얻을 수 있는 만족감의 80%는 20%의 상대로부터 올 것이다. 그러므로 양보다는 질에 주목하자.

장애요인 목록 작성하기

일반적으로 우리는 데이트 상대를 판단할 때 그가 지녔으면 하는 특성에 집중한다. 가령 개방적이고 친절하고 공감력이 뛰어난 특성에 주목한다. 우리는 상대방이 유머 감각이 있고, 도덕적인 기준이 높으며, 미래를 위한 비전을 갖고 있기를 원한다. 이러한 특성이 의미 있는 관계를 추구하는 과정에서 상대를 평가하는 데 도움을 준다.

그런데 우리가 싫어하는 특성에 대해 생각해 보는 것 역시 좋아하는 특성을 떠올리는 것만큼이나 중요하다. 예를 들어 부정직함, 나르시시즘, 무례함, 고약한 성미 등이 있다. 이러한 특성은 장애요인이다. 우리는 그러한 요인을 드러내는 잠재적인 파트너를 정리해야 한다.

장애요인을 데이트 필터로 활용하는 것은 80/20 법칙을 효과적으로 적용하는 사례다. 자신이 좋아하지 않는 성향의 사람과의 데이트를 거절함으로써, 당신이 좋아할 만한 사람을 더 빨리 만날 수 있지 않을까?

▸ 실행법

첫째, 개인적으로 생각하는 데이트 상대의 장애요인 목록을 작성한다. 일부 특성(가령 솔직하지 못함)은 보편적으로 매력이 없는 것이고, 다른 특성은 자신에게만 고유한 것이다. 가령 흡연이나 음주 습관 등이 있겠다.

둘째, 본격적인 데이트를 하기에 앞서 잠재적인 상대가 이러한 장애요인 중 어떤 것을 가졌는지 알아본다. 필요하다면 직접 질문을 해보자.

셋째, 자신이 싫어하는 특성을 발견했다면 다른 점이 마음에 든다고 해도 데이트를 중단한다. 장기적으로 받아들이기 힘든 특성을 외면할 수는 없을 것이다.

장애요인은 단지 싫어하는 것과는 다르다. 후자가 우리를 그저 짜증 나게 만드는 것이라면, 전자는 대단히 공격적이라고 생각되는 것이고, 그래서 참기 힘든 것이다.

지속적인 관계를 위한 '중요한 기대'에 집중해야 한다.

현실적인 기대에 집중하기

데이트를 할 때 기대하는 것은 자연스러운 모습이다. 우리는 데이트 상대가 개방적이고, 예의가 바른 데다, 적극적으로 질문할 정도로 우리에게 많은 관심이 있기를 기대한다.

하지만 이러한 기대는 종종 현실적인 수준을 훌쩍 넘어서기도 한다. 가령 데이트 상대가 자신의 친구와 잘 어울릴 수 있을지 걱정하고, 상대가 오로지 자기만 바라볼 만한 사람인지 마음을 졸이기도 한다. 또는 가족이 잘 받아들여줄까 앞서 고민하기도 한다.

기대하는 것은 좋다. 그러나 그것은 현실적이어야 하며 너무 앞질러 가서도 안 된다. 파레토 법칙을 기준으로, 데이트 상대와 지속적인 관계를 이어나갈지 말지를 결정하는 데 도움을 줄 '중요한' 기대에 집중하자.

▸실행법

첫째, 자신이 상대에게 기대하는 것을 적어보라. 다음으로 각각의 기대를 검토하고 그것이 합리적인지 자신에게 물어보자. 가령 자신의 삶에 관해 이야기한 모든 세부 사항을 상대가 기억하기를 기대할 수도 있다. 그러나 그 사람의 기억력이 완벽하지 않은 이상, 그러한 기대는 충족되지 못할 것이다. 목록에서 그러한 기대를 모두 지우자.

둘째, 자신에게 얼마나 중요한지를 기준으로, 남아 있는 기대의 수준을 평가해 보자. 그것들을 1~10으로 평가하자. 1이 가장 중요한 기대를 의미한다.

셋째, 1로 평가한 기대에만 집중하라.

성공적인 데이트는 완벽한 파트너를 찾는 것이 아니다. 최고의 가능성을 보여주는 사람을 발견하고 그와 함께 시간을 보내는 것이다. 이를 위해 우리에겐 다수를 걸러내는 기술이 필요하다. 80/20 법칙이 그 과정을 쉽게 만들어준다.

4장

건강 관리 효율 극대화

식단 관리와 운동은 얼마든지 복잡하게 만들 수 있다. 당신은 아마도 많은 이가 체중 감량과 전반적인 건강 향상을 위해 대단히 복잡한 식사와 운동 방법을 따르고 있다는 것을 알고 있을 것이다.

그들은 특정한 음식만 먹거나 특정한 영양소 및 날짜에 집착한다. 또한 신체의 특정 부위를 단련하도록 설계된 길고 복잡한 운동 루틴을 따른다.

그러나 이러한 대부분의 노력은 불필요하다. 우리는 20%의 노력으로 건강과 관련된 80%의 보상을 거둘 수 있다.

여기서는 파레토 법칙의 렌즈를 통해 식단 및 건강 관리 방법을 살펴보려고 한다. 건강 목표를 달성하고 유지하기 위해서 복잡한 식사 계획이나 매일 헬스장에서 하는 장시간의 운동은 필요 없다. 대신 목표의 80%를 달성하기 위한 몇 가지 요인에 집중할 필요가 있다.

본격적으로 시작하기 전에 다시 한번 강조할 이야기가 있다. 이 책의 목적은 경력을 업그레이드하고, 가정생활을 누리며, 연애 생활을 즐기고, 원하는 몸매를 만드는 것이 아니다. 이 책에서 내가 원하는 것은 80/20 법칙을 보편적인 상황에 적용할 수 있다는 사실을 보여주는 것이다.

이 법칙을 업무와 가정생활과 인간관계, 건강은 물론 5~7부에서 다루어볼 영역에 적용해 본다면, 틀림없이 놀라운 결과를 얻게 될 것이다. 장담한다.

80/20 법칙의 본질은 자신이 하는 모든 일에서 적은 노력으로 많은 성과를 얻어내는 것이다. 이 점을 염두에 두고, 복잡한 식단 관리와 운동 루틴에 의존하지 않고 건강한 삶을 이어가는 방법에 관해 이야기해 보자.

언제 어디서나 건강하게 먹는 법

우리는 더 건강하게 먹을 수 있다. 하지만 어떤 이들은 좋아하는 메뉴에 탐닉한다. 설탕이 듬뿍 든 음식이나 혀끝이 알싸한 매운 음식을 찾는다. 감정적으로 먹는 이도 있다. 슬프거나 스트레스를 받을 때, 혹은 우울감을 느낄 때 음식을 통해 위안을 얻으려고 하는 식이다. 이들의 종착지는 똑같다. 결국 체중이 늘어나고 (정도는 다르다고 해도) 죄책감을 느끼게 된다.

이럴 때 사람들은 엄격한 식단 관리로 대처한다. 그들은 패스트푸드를 끊고 건강한 음식만 먹기로 다짐한다. 자신이 선택한 관리법에 따라 채소나 과일, 생선, 닭고기, 달걀 및 다양한 보충제를 먹는다.

며칠 동안은 계획대로 흘러간다. 대단히 엄격한 식이요법을 고수하면서 건강하지 않은 재료가 들어간 모든 음식을 피한다.

그러다가 첫 번째 경고등이 들어온다. 체중 및 건강 관리를 향한 그들의 의지가 자신이 좋아하는 음식에 대한 갈망을 이기지 못할 정도로까지 위축된다. 혹은 사무실에서 끔찍한 하루를 보낸 뒤 심리적 위안을 얻기 위해 설탕이 듬뿍 들어간 간식을 집어든다. 그리고 오래 지나지 않아 관리를 포기한다. 죄책감은 이전보다 더 커진다.

당신은 이런 시나리오를 꼭 따를 필요가 없다. 80/20 법칙은 엄격한 방법을 선택하지 않고도 건강하게 먹는 혜택을 얼마든지 누릴 수 있다는 사실을 보여준다.

장기간 유지할 수 있는 식습관 따르기

적어도 장기적인 관점에서 건강을 위한 식습관을 갖출 계획이라면, '식단 관리'라는 말을 써서는 안 된다. 많은 이가 생각하는 식단 관리는 단기적인 목표만을 의미한다. 예를 들면, 살을 빼기 위한 것이다. 이럴 경우 일단 목표를 달성하고 나면 중단하게 된다. 그러한 사실을 좀처럼 인정하고 싶지 않겠지만,

그것은 원래 계획에 내포되어 있다.

관점을 바꿔보라. 극단적인 식단 관리의 효과가 아닌, 식습관에 작은 변화를 주는 방법에 관해 이야기해야 할 때다. 그렇게 하면 좋아하는 음식을 완전히 끊지 않고도 건강한 식습관이 가져오는 이익의 많은 부분을 누릴 수 있다.

▸실행법

첫째, 좋아하는 음식 중에 건강에 좋지 않다고 생각되는 음식의 목록을 작성한다. 감자 칩부터 아이스크림, 도넛, 팬케이크까지 다양한 음식이 있을 것이다. 자신을 속이지 말자. 칼슘이 함유되었다는 이유로 아이스크림이 건강 식품이 될 수는 없다.

둘째, 간단하고 건강한 식사 및 간식 목록을 작성한다. 준비하기 쉬울수록 더 좋다.

셋째, 그 식단을 80%의 시간 동안 유지한다. 그리고 나머지 20% 시간에는 자신이 좋아하는 음식을 허락하자. 예를 들어 아침에 달걀, 점심에 연어 필레, 저녁에 닭고기와 채소를 먹었다면, 디저트로 아이스크림을 조금 허용하자.

건강해지기 위해 모든 음식을 금지할 필요는 없다. 사실 그러한 방법은 이익보다 손해가 크다. 먹는 것과 관련해서는 금지보다 적당함이 장기적으로 더 긍정적인 결과를 낳는다.

외식을 할 때도 건강하게!

건강한 식습관을 위해 노력하는 많은 사람이 외식을 꺼린다. 그들은 식당에서는 자신의 목표와 조화를 이루는 메뉴를 주문할 수 없을 거라고 생각한다. 그러나 그건 사실이 아니다. 작은 원칙을 세워놓기만 하면, 어디에서든 건강한 음식을 먹고 있다는 확신을 갖고 음식을 즐길 수 있다.

▸ **실행법**

첫째, 메뉴에 수정을 요구하는 것을 두려워 하지 말라. 예를 들어 요리에 프렌치프라이가 따라 나온다면, 그것을 채소로 바꿔 달라고 요구하자. 혹은 다양한 소스가 함께 나온다면, 소스를 한쪽으로 빼달라고 주문하자.

둘째, 주문할 때 포장 용기를 함께 요청하라. 그리고 요리가 나왔을 때, 음식의 절반을 용기에 담자. 이는 식사량을 조절하는 데 좋은 방법이다. 특히 두 사람이 먹어도 충분할 만큼 양이 많은 식당에서 식사할 때 중요하다.

셋째, 식당에 같이 간 사람과 똑같은 메뉴를 골랐다면, 하나만 주문해서 둘이서 나누어 먹어라. 아마도 2명이 먹기에 충분한 양이라는 사실을 깨닫게 될 것이다. 혹시라도 여전히 배가 고프다면 언제든 추가로 주문할 수 있다.

이러한 작은 변화를 통해 우리는 건강한 식습관을 망칠지 모른다는 두려움 없이 어디서든 자유롭게 먹을 수 있다. 적은 노력으로 많은 유연성을 확보할 수 있다.

사교 모임에서 음식으로 무너지지 않는 법

건강한 음식을 고수하려는 사람들에게 사교 활동은 힘든 도전과제다. 유혹은 곳곳에 숨어 있다. 간혹 건강한 음식이 보이더라도 장식에 불과하다. 몸에 해로운 음식이 화려하게 차려져 있는데 어떻게 유혹을 떨쳐버릴 수 있겠는가?

파레토 법칙은 우리에게 박탈감을 주지 않는 방식으로 유혹을 관리하도록 도움을 준다. 결혼식이나 친구의 바비큐 파티, 혹은 어떤 다른 사회적 모임에서도 영양에 관한 목표를 저버리지 않고서 얼마든지 즐길 수 있다.

▸실행법

첫째, 행사장에 가기 전에 무언가를 좀 먹어둔다. 아몬드와 사

건강하지 않은 음식으로
섭취하는

20%의 칼로리를 허용하라.

과는 좋은 선택이다. 섬유질이 들어 있기 때문이다. 섬유질은 포만감을 주기에 나중에 게걸스럽게 먹지 않도록 지켜준다.

둘째, 건강하지 않은 음식으로 섭취하는 20%의 칼로리를 허용한다. 예를 들어 친구의 바비큐 파티에 참석했다면, BBQ 소스를 살짝 바른 닭고기를 허용하는 것이다. 건강한 음식이라고 할 수 있는 닭고기로 칼로리의 80%를 채우고, 가벼운 BBQ 소스로 나머지 20%를 채우면 된다.

셋째, 권하는 음식을 거절하는 방법도 터득해 둔다. 집주인의 기분을 상하지 않게 하려고 혈관에 좋지 않은 음식까지 먹어야 할 필요는 없다. 얼마든지 공손하고 정중하게 거절할 수 있다.

건강해지기 위해서 100% 건강한 식단을 고수할 필요는 없다. 우리 몸은 아주 다양한 음식을 소화할 수 있는 환상적인 기계다. 그러니 가끔은 자신에게 탐닉의 기회를 허락하자.

'완벽한' 식단 관리보다 80%를 건강한 음식으로 채우는 것이 10배는 더 쉽다는 사실을 깨닫게 될 것이다. 그리고 더욱 중요한 것은, 그렇게 하면서도 식단 관리 효과의 대부분을 누릴 수 있다는 사실이다.

몸매를 유지하는 간단하고 쉬운 방법

신체 활동은 건강을 위한 모든 계획에서 중요한 부분을 차지한다. 비단 체중 조절뿐 아니라 다양한 질병 예방에도 도움이 되기 때문이다. 다만 문제는 이것이다. 건강을 유지하기 위해서 얼마나 많이 운동해야 할까? 하루에 몇 시간씩 지칠 때까지 해야 할까? 당신은 아마도 그 대답을 알고 있을 것이다.

투자하는 시간과 노력을 크게 줄이고서도 몸매를 만들고 유지할 수 있는 효과적인 방법이 있다. 앞에서와 마찬가지로 여기서도 우리는 80/20 법칙을 적용할 것이다.

복합 운동 하기

하나의 관절만 이용하는 고립 운동isolation exercise의 한 가지 단점은, 많은 시간이 필요하다는 것이다. 각각의 운동이 신체의 특정 영역을 목표로 삼기에, 전신 운동을 하기 위해서는 긴 목록에 포함된 다양한 운동을 모두 수행해야 한다. 그래서 말 그대로 몇 시간이 걸릴 수 있다.

운동 마니아가 아닌 이상 오랜 시간 운동하는 것을 좋아하는 사람은 거의 없을 것이다. 좋은 소식은 반드시 그렇게 하지 않아도 된다는 것이다. 우리는 여러 관절을 동시에 이용하는 복합 운동compound exercise을 통해 충분히 멋진 몸매를 만들고 건강을 유지할 수 있다. 복합 운동은 다양한 관절과 근육을 목표로 삼는다. 따라서 운동 시간을 크게 줄이면서도 여러 가지 이익을 누릴 수 있다. 심혈관계 건강 개선이나 유연성 상승, 근력 강화와 같은 유익 말이다. 이는 곧 80/20 법칙의 핵심을 의미한다.

▸실행법

첫째, 우선순위를 확인한다. 근육량을 키우고 싶은가? 지방을 빼고 싶은가? 피부를 탄력 있게 만들고 싶은가? 이도 저도 아니라면 체력 강화에 관심이 있는가?

둘째, 우선순위에 적합한 복합 운동을 선택한다. 예를 들어 하체 근육량을 늘리고 싶다면 바벨 스쿼트와 바벨 데드리프트를 하자. 지방을 줄이고 싶다면 플레이트 트위스트와 중량 벤치 딥 혹은 워킹 런지를 하자.

셋째, 이러한 복합 운동을 중심으로 '짧은' 운동 루틴을 만든다. 나는 점진적인 발전을 선호하는 편이다. 그러므로 첫 2주 동안은 하루 10분으로 운동 시간을 제한하길 권한다. 그 이상은 하지 말라. 이때는 습관 형성에 집중하자. 운동 시간은 이후에 차차 늘려나갈 수 있다.

복합 운동의 장점은 고립 운동에 비해 시간을 아낄 수 있고, 더욱 다양한 기능을 한다는 것이다. 우리는 복합 운동을 통해 더 많은 열량을 소비하고, 다양한 근육을 함께 움직이며, 근육의 효율성을 높일 수 있다.

다시 말해, 적은 노력으로 많은 결과를 얻는, 80/20 법칙의 핵심을 실현할 수 있다.

가장 중요한 건강 목표에 집중하기

앞서 이 주제에 관해 살짝 다루었지만, 지금부터 본격

적으로 들여다보겠다.

건강 목표는 아주 다양하다. 가령 근육량을 늘리거나, 체중을 줄이거나, BMI(체질량지수)를 낮추거나, 지구력을 강화하거나, 근력을 키우는 것일 수 있다. 이들 모두 매력적인 목표처럼 보이기는 하지만, 그중에서 자신에게 가장 중요한 1~2가지 목표를 정하고 그것에 집중하는 편이 좋다. 그래야 실질적으로 도움이 되기 때문이다.

우리는 우선순위의 목표에 집중함으로써 건강을 전반적으로 개선할 수 있다. 예를 들어 근육량을 늘리기 위해 설계된 운동을 할 때, 그 과정에서 BMI도 낮출 수 있다. 또한 체중을 줄이기 위해 설계된 운동을 할 때, 지구력도 동시에 향상될 수 있다.

▸ 실행법

첫째, 다양한 건강 목표를 적어보고 중요도에 따라 점수를 매긴다. 이는 지금 당신의 상황을 찍은 스냅샷과 같다. 과체중이라면 당신의 '현재' 우선순위는 체중 조절이 될 것이다. 그러므로 여기에 근육량을 늘리는 것보다 더 높은 점수를 매겨야 한다. 앞으로 2개월 동안 체중을 감량한 이후에, 자신의 목표를 다시 들여다보고 새롭게 평가할 수 있다.

둘째, 우선순위 목표를 S.M.A.R.T. 목표로 전환해 본다. 이 약자는 '구체적이고specific(S), 측정 가능하며measurable(M), 성취 가능하고attainable(A), 주요하며relevant(R), 시간에 기반을 둔time-based(T)' 것임을 의미한다. 체중 조절과 관련한 S.M.A.R.T. 목표는 다음과 같을 것이다. '집에서 하는 일일 운동으로 에너지를 더욱 끌어올리면서 8주에 걸쳐 일주일에 1kg씩 뺄 것이다.'

셋째, 다음 8주간 일정을 보여주는 달력을 작성한다. 그리고 이를 활용해서 운동 현황을 관찰하자. 매일 운동을 마친 후에 달력에서 그 날짜를 지우되, 붉은색 펜을 사용하자. 붉은 X자가 연속해 있는 것을 보면, 계속해서 이어 나가고픈 마음이 들 것이다.

건강 유지를 위한 간단 운동법

우리 삶의 모든 측면에 80/20 법칙을 적용할 수 있지만, 그중 특히 건강의 영역에서 이 법칙의 유용성을 뚜렷하게 확인할 수 있다. 우리는 매일 15~20분 운동만으로 충분히 건강을 유지할 수 있다.

반드시 녹초가 될 때까지 오래 그리고 가혹하게 운동을 해야 하는 건 아니다. 나는 팔굽혀펴기와 짧은 산책을 한다. 넷플릭스를 시청할 때면 스쿼트를 몇 번 한다. 그게 전부다. 그런데도 나는 대단히 건강하고 활력이 넘친다.

여기서 중요한 점은, 신체 활동을 규칙적으로 하는 것이다. 사실 우리의 몸은 건강을 유지하기 위해 엄청난 운동을 요구하지 않는다. 자신의 건강 목표에 어울리는 '올바른' 운동과 건강한 식습관을 결합할 때, 적은 노력으로 큰 성과를 올릴 수 있다.

시간을 단축시키는 운동법

우리는 모두 바쁘다. 시간은 제한되어 있고 한번 쓰고 나면 영원히 사라진다. 그러니 시간이야말로 그 무엇보다 소중한 자원이다.

최소한의 시간을 투자해서 다이어트 및 건강 요법에서 최고의 결과를 끌어내는 것이 필요한 것도 이 때문인데, 그렇게 절약한 시간은 다른 관심사와 목표를 위해 쓸 수 있다.

그래서 우리는 80/20 법칙에 주목해야 한다. 그리고 그 법칙을 기준으로 의사결정을 해야 한다. 다이어트와 운동을 실행하면서 목표 달성에 필요한 시간보다 더 많은 시간을 허비할 필요는 없다. 인생은 짧다.

이러한 관점에서 최소한의 노력으로 최대의 효과를 얻어내는 몇 가지 방법을 소개한다.

홈 트레이닝

헬스장에서 운동하는 데는 장점이 있다. 값비싼 운동 기구가 있고, 트레이너를 쉽게 찾을 수 있으며, 운동하고 싶은 마음을 자극하는 분위기가 있다. 그러나 원할 때마다 헬스장에 가려면 많은 시간을 투자해야 한다. 헬스장까지 이동해야 할 뿐만 아니라 기구를 사용하려면 차례를 기다려야 한다. 게다가 사람들의 불평불만이나 고함 때문에 주의가 산만해지기도 한다.

나는 홈 트레이닝을 적극적으로 권한다. 우리는 자신만의 개인적인 공간에서 더 잘 집중할 수 있다. 차례를 기다릴 필요가 없고 더 빨리 운동을 마칠 수도 있다(이동할 필요도 없다).

▸실행법

첫째, 앞서 작성한 운동 목록을 살펴본다. 중요한 건강 목표를 달성시켜줄 복합 운동으로 구성되어 있는 목록이다.

둘째, 이러한 운동을 위해 필요한 기구를 결정한다. 높이 조절이 가능한 벤치나 철봉, 몇 개의 덤벨 및 저항력 훈련을 위한 몇 가지 밴드, 운동 매트면 충분하다. 맨손 운동을 떠올려보자. 특별한 장비가 필요 없다.

셋째, 따로 마련한 공간을 홈 트레이닝 장소로 지정한다. 그곳에서 문을 닫고 집중하자.

홈 트레이닝의 장점은 365일 24시간 이용이 가능하다는 것이다. 원할 때마다 언제든지 방문할 수 있다. 게다가 회비도 없다.

목표에 맞는 몇 가지 운동법에 집중하기

어렵게 짠 운동 프로그램이 망가지는 이유는 단순하다. 대개는 '운동 가짓수 늘리기' 때문이다. 사람들은 어떤 운동이 도움이 된다는 말을 들으면 곧바로 자신의 운동 루틴에 이를 집어넣는다. 물론 기존의 운동 방식을 다양하게 확장하기 위해 그럴 수도 있다. 그러나 어떤 경우이든 다른 운동을 하나씩 추가하다 보면 운동 시간은 늘어나기 마련이다.

추가적인 운동이 도움이 될 수도 있지만 우선순위 목표와 조화를 이루지 못할 수도 있다. 그럴 경우 불필요한 노력을 중복하게 만들고 시간을 허비하게 한다.

우선순위 목표와
조화를 이루는
운동을 선택하라.

여기서 파레토 법칙은 중요하지 않은 운동을 제거하고 핵심 운동에 집중하게 해주는 유용한 도구다.

▶ 실행법

첫째, 80%의 성과는 소수의 운동에서 비롯된다는 사실을 상기한다. 다시 말해 굳이 '더 많은' 운동을 할 필요는 없다. '올바른' 운동만 하면 된다.

둘째, 운동의 관점에서 다양함이 꼭 필요한 것은 아니라는 점을 인식한다. 특정 운동은 근육과 관절에 무리가 될 수 있다. 자신의 건강 목표에 따라 적절한 복합 운동을 선택했다면, 확신을 갖고 고수하자. 다양함을 이유로 대체하지 말라.

셋째, '운동 가짓수 늘리기'를 어떻게든 피한다. 기존 운동 루틴에 새로운 운동을 추가하기에 앞서, 왜 그것이 필요한지 스스로 물어보자. 단지 도움이 될 것 같다는 생각은 그것을 루틴에 집어넣기 위한 충분한 이유가 되지 못한다.

우리는 올바른 운동에 집중함으로써 시간을 크게 아낄 수 있다. 그러면서도 추구하는 건강 목표의 대부분을 달성할 수 있다. 최소한의 시간과 노력으로 목표의 80%를 달성하는 것이야말로 내가 생각하는 최적의 전략이다.

최고의 효과를 얻는 4분간의 운동

고강도 인터벌 훈련High-intensity interval training(HIIT)은 파레토 법칙을 운동에 적용한 훌륭한 사례 중 하나다. HIIT는 짧은 시간에 에너지를 집중하는 운동 방식이다.

한 가지 예는 30초 동안 전력 질주를 한 뒤에 4분을 쉬고, 다시 30초간 전력 질주를 하는 방법이다. 또 다른 예는 팔굽혀펴기를 빠른 속도로 10회 한 뒤에 20초간 휴식을 취하고 다시 10회 하는 방법이다.

이러한 집중적인 접근 방식의 장점은 짧은 시간에 더 격한 운동을 하고, 더 많은 산소를 들이마시며, 더 많은 열량과 지방을 태울 수 있다는 것이다. 그 결과는 놀랍다. 탄력 있는 몸매를 자랑하는 사람이라면 아마도 HIIT를 하고 있을 것이다.

HIIT는 80/20 법칙과 조화를 이룬다. 이 운동은 일반적인 운동에 비해 적은 시간을 소비하면서도 놀라운 결과를 가져다준다. 이러한 이유로 나는 이 방식을 강력하게 권한다.

▸실행법

첫째, 타바타Tabata 운동으로 시작한다. 이 방법은 20초 동안 고강도 운동을 하고 10초 동안 쉬는 것이다. 그리고 그 과정을

8번 반복한다. 운동 종류는 당신이 정하면 된다. 팔굽혀펴기나 스쿼트, 런지, 제자리 팔벌려뛰기 등 모두 괜찮다.

둘째, 일주일에 한 가지 HIIT로 시작한다. HIIT는 강도가 대단히 높은 방식이기 때문에 자칫 과잉 운동으로 이어지기 쉽다. 우선 몇 주 동안 한 가지 HIIT를 실행한 후에 2가지로 늘려나가자. 그리고 몇 주 더 실행한 뒤에 3가지로 늘리자.

셋째, 필수로 준비 운동을 한다. 관절과 근육을 충분히 풀지 않은 채 곧바로 HIIT에 들어가면 부상을 입을 수 있다.

HIIT는 완전한 운동을 위해 시간을 따로 마련해 둘 필요가 없다는 점에서 좋은 운동 전략이다. 20초의 고강도 운동과 10초의 휴식을 8번 반복하는 것으로, 4분이면 충분하다.

한번 도전해 보자. 많은 시간을 투자하지 않고서도 큰 효과를 볼 수 있다. 물론 이는 80/20 법칙의 핵심 개념이다.

5장

재정 관리 효율 극대화

많은 사람이 돈 문제와 관련해서 위압감을 느끼며 산다. 그런데도 예산 수립과 투자, 은퇴 계획 및 신용 관리란 단어만 나와도 지레 겁을 먹는다.

한 가지 이유는 선택 범위가 너무도 방대하기 때문일 것이다. 너무 많은 선택지는 혼란으로 이어지고, 혼란이 자신감 있는 의사결정을 방해하는 것이다.

게다가 금융 기관들은 끊임없이 새로운 금융 상품을 내놓는데, 그중 일부는 대단히 복잡한 데다 규제에 걸려 있다. 추천 상품이 자신에게 도움이 되는지, 그것을 홍보하는 기업에 더 도움이 되는지 구분하기는 쉽지 않다.

만약 예산 수립에서 투자에 이르기까지 돈과 관련된 모든 사항을 매월 몇 분의 시간만 들여도 처리가 가능하다면 어떨까? 나아가, 수많은 금융 상품을 선택하는 혼란에서 벗어나 자신 있게 의사결정을 내릴 수 있다면?

5장에서는 80/20 법칙을 재정 관리에 적용하는 방법을 보여주려고 한다. 파레토 법칙에 기초하여 돈 문제를 단순화한다면 더는 겁을 먹지 않게 될 것이다.

자, 예산 수립부터 시작해 보자.

예산 수립을 단순화하는 법

매월 지출하는 비용을 살펴보면 거기서도 80/20 법칙이 작용하고 있음을 깨닫게 될 것이다. 이를테면, 20%의 식품이 전체 식료품비에서 80%를 차지한다. 실제로 당신의 월 지출 비용의 80%는 20%의 항목에 집중되어 있을 것이다.

이러한 사실을 이해하는 것은 도움이 된다. 이를 통해 예산 수립을 단순하게 만들 수 있기 때문이다. 예산 대부분을 차지하는 항목을 확인했다면, 이들 중 무엇이 필수적이며 무엇이 그렇지 않은지 판단할 수 있다. 그리고 다음으로 예산 수립을 통해 자신의 재정 상태를 분명하게 이해할 수 있다.

먼저 돈이 매월 어디로 흘러나가는지 확인해 보자.

고정비와 변동비 추적하기

고정비란 매월 일정하게 지출하는 비용을 말한다. 우리는 고정비를 예산에 쉽게 반영할 수 있다. 한 가지 예로 자동차 관련 납부금을 들 수 있다. 담보 대출 납부금, 자동차 보험료, 헬스장 회비, 인터넷 서비스 비용 등이 해당한다.

반면, 변동비는 매월 금액이 달라지는 지출 비용을 말하는데, 식료품비나 의류비, 혹은 유흥비가 해당한다.

▸실행법

첫째, 고정비와 변동비를 모두 포함해서 매월 반복적으로 지출하는 비용의 목록을 작성한다.

둘째, 그중 필수 지출에 표시한다. 우리는 이를 임의적인 비용과 구분해야 한다.

셋째, 필수 지출의 합계를 구한다.

변동비 합계를 구하기 위해서는 고정비의 경우보다 더 많은 노력이 필요하지만, 그리 어렵지는 않다. 지난 3개월간 각각의 변동비 항목에서 지출한 금액을 확인한 후, 그 합계를 3으로 나눠서 월평균을 구하면 된다.

매월 명세표를 확인할 수 있는 신용 카드를 사용하고 있다면 이 작업은 더욱 간단해질 것이다. 주로 현금을 사용한다면 영수증을 참조하자.

어떤 방식으로든 이제 우리는 필수 지출 금액의 합계를 구했다. 이는 월간 '경비'를 뜻한다. 즉, 생활을 위해 매월 지출해야 하는 금액이다.

재량 지출 추적하기

재량 지출이란 꼭 필요하지는 않은 비용을 말한다. 만일 극심한 재정난을 겪고 있다면, 예산에서 얼마든지 줄일 수 있는 부분이다.

당신은 아마도 자신의 라이프스타일의 일부가 되었다는 이유로 재량 지출 항목을 필수 지출이라고 말할지 모른다. 예를 들면 넷플릭스 구독을 취소하면 생활이 심심해진다고, 스타벅스의 커피와 크루아상을 포기하면 오전 생산성을 높이는 데 악영향이 있다고 주장할 수 있다. 그러나 마음만 먹는다면 이러한 지출 없이도 살 수 있다.

월별 지출 습관을 확인하기 위해서는 재량 지출부터 구분해야 한다. 이를 통해 우리는 자신의 예산이 사실에 바탕을 둔 것이며, 그러므로 신뢰할 만한 도구라고 확신할 수 있다.

▸실행법

첫째, 재량 지출의 목록을 작성한다. 여기에는 새 휴대전화와 게임기, 골프 클럽 등 지난 6개월 동안 구매한 주요 항목이 포함된다.

둘째, 매달 이러한 항목에 지출하는 평균 금액을 산정한다. 일부는 계산하기 쉬울 것이다. 예를 들어 스타벅스 커피와 크루아상 구입에 일주일 동안 5일에 걸쳐 매일 7달러를 소비한다면 월평균 지출은 140달러다. 주요 지출의 경우, 매년 나가는 금액을 확인한 다음 12로 나누자. 예를 들어 매년 새 휴대전화 구입에 600달러를 쓴다고 해보자. 그렇다면 이 항목에 대한 월평균 지출은 50달러다.

셋째, 월별 합계를 구한다.

재량 지출의 월별 목록은 중요하다. 이를 통해 유연성을 확보할 수 있기 때문이다. 돈을 절약하기 위해 예산을 삭감해야 한다면, 이것이 그 출발점이다. 또한 재량 지출의 월별 목록을 통해 지출 흐름을 분명하게 확인할 수 있다. 우리가 개별적인 지출을 추적하지 않는 한, 돈이 어디로 흘러가는지 그리고 왜 그렇게 빨리 사라지는지 파악하기는 쉽지 않다. 따라서 작성한 재량 지출 목록이 불확실성을 제거하고 유용하고 실용적인 정보를 얻는 데 도움을 줄 것이다.

주요 지출을 막는 선저축

우리는 단순한 형태로 예산을 수립하는 데 필요한 정보를 확보했다. 그리고 필수 지출과 더불어 재량 지출에 얼마나 많은 돈을 쓰는지 확인했다.

여기서 우리는 세 번째 요소를 예산에 추가해야 한다. 그것은 계획된 주요 지출을 위해 매월 저축해야 할 돈이다. 이러한 방식으로 우리는 돈을 빌리지 않고도 자금을 마련할 수 있다. 그리고 이자 비용을 피할 수 있다.

예를 들어 배우자와 함께 뉴욕 여행을 계획하고 있다고 해보자. 그 여행에는 총 6,000달러의 경비가 들 것으로 보인다. 12개월 뒤에 여행을 떠날 계획이라면, 그 경비를 충당하기 위해 매월 500달러씩 저축해야 한다.

이러한 유형의 큰 지출을 월간 예산에 포함하는 것이 중요하다. 한 가지 대안으로 신용 카드 할부를 사용하는 방법이 있지만, 그럴 경우엔 이자를 물어야 한다. 이는 불필요하게 총지출 규모를 많이 증가시킬 수도 있으니 방법이 필요하다.

▸실행법

첫째, 향후 12개월이 넘는, 비교적 장기간에 걸쳐 계획하고 있는 큰 구매의 목록을 작성해 본다.

둘째, 금액과 구매 시기를 바탕으로 월평균 지출이 얼마인지 산정한다.

셋째, 그 월평균 지출을 예산에 포함한다.

가정을 위한 예산 수립은 전혀 복잡할 필요가 없다. 수입의 대부분은 아마도 월별 지출로 흘러갈 것이며, 그중 일부는 고정비, 다른 일부는 변동비다. 그리고 일부는 필수 지출이며, 다른 일부는 재량 지출이다.

여기서도 80/20 법칙이 작동한다. 우리가 해야 할 일은 이러한 비용을 확인하고 각 항목에 얼마나 지출하는지 확인하는 것이다. 그다음 필요에 따라 수정만 하면 된다.

여기서 나는 예산을 스프레드시트로 작성해 볼 것을 권한다. 그렇게 하면, 특정 항목을 수정할 때 월간 합계에 어떤 영향을 미치는지 곧바로 확인할 수 있다. 개인적으로는 구글 시트Google Sheets를 선호한다. 간단하고 무료인 데다 클라우드로 저장되어 휴대전화로도 작업할 수 있기 때문이다.

간단하고 성과 좋은 투자 포트폴리오 구축법

돈과 관련해서 사람들이 두려워하는 한 가지 분야가 있다면 바로 투자다. 투자의 선택지는 어지러울 정도로 방대하다. 그중 가장 간단한 것조차도 복잡해 보인다.

나아가 투자 관련 용어는 너무나 낯설다. 배당 수익, 자본 이득 재투자, PER(주가수익비율) 등. 초심자들을 당황하게 만들기에 충분하다. 게다가 면세소득과 가치 대 성장 투자, 달러평균원가법을 비롯하여 다양한 주식 종류까지 고려해야 한다.

뮤추얼펀드는 한결 간단해 보이지만, 거기에도 선택해야 할 유형이 있다. 헤지펀드와 주식펀드, 혹은 채권펀드 중 어디에 투자해야 할 것인가? 채권펀드를 선택했다면 정부 채권과 투자등

급 기업 채권, 혹은 고수익 채권 중 주로 어떤 것으로 구성된 펀드에 돈을 넣어야 하는가?

그래서 많은 이가 이 주제를 외면한다. 뭐가 뭔지 이해하기 위해서는 전문적인 학위가 필요할 듯싶다.

그러나 좋은 소식이 있다. 저녁과 주말 시간을 공부에 투자하지 않고도 성공적인 투자자가 될 수 있다. 핵심은 80/20 법칙을 적용하는 것이다. 이를 지침으로 활용할 때, 생각보다 투자가 간단하고 쉬우며 많은 시간을 들이지 않고도 부를 늘릴 수 있다는 사실을 발견하게 될 것이다.

하지만 기억하라. 지금부터 이야기할 내용은 절대로 특정한 투자를 권유하는 것이 아님을 밝힌다.

주식 투자 시 살펴볼 3가지 수치

주식 투자라고 하면, 당신은 아마도 책상 앞에 앉아서 여러 대의 모니터를 들여다보고 있는 사람을 떠올릴 것이다. 그는 모니터 속의 숫자와 그래프가 특정한 방식으로 움직일 때, 순간적인 판단으로 주식을 사고판다.

아니면, 도표와 수많은 데이터로 가득한 서류 뭉치를 살펴보

간단하고 쉬운 투자로도 부를 늘릴 수 있다.

면서 투자할 가치가 있는 주식을 찾는 사람을 떠올릴지도 모르겠다. 그는 수많은 시간을 조사하고 난 뒤 투자 결정을 내린다.

하지만 주식 투자는 이렇게 복잡할 필요가 없다. 또한 그렇게 많은 시간과 노력을 요구하지도 않는다. 우리는 실제로 중요한 몇몇 수치에 주목하고 나머지를 무시함으로써 몇 분 안에 주식을 분석할 수 있다.

▸ 실행법

첫째, 주식의 PER을 확인한다. 그리고 그 값을 다른 종목과 비교하자. PER은 낮을수록 좋다.

둘째, 기업의 ROE(자기자본이익률)를 계산한다. 자칫 어려워 보일 수도 있지만 사실은 그렇지 않다. 우리가 해야 할 일은 기업의 순이익을 자기자본으로 나누는 것이다. 순이익은 기업의 손익계산서에서 확인할 수 있다. 자기자본은 기업의 대차대조표에서 확인이 가능하다.

셋째, 기업의 PEG(주가수익성장률)를 계산한다. 복잡해 보일 수 있지만 이것 역시 쉽다. 우리가 할 일은 PER을 EPS(주당순이익) 성장률로 나누는 것이다. EPS 성장률은 온라인 사이트 나스닥 nasdaq.com 등에서 확인할 수 있다. 이때 PEG 수치는 1 이하인 것이 좋다.

이 3가지 수치(PER, ROE, PEG)를 통해 우리는 특정 주식을 살지 말지를 판단하는 데 필요한 정보를 얻을 수 있다. 물론 이것보다 더 많은 분석을 할 수도 있지만, 거기에 들어가는 시간과 노력은 결과에 큰 영향을 미치지는 않는다. 그러므로 3가지 수치에만 집중하고 나머지는 무시하자.

또한 나는 주식과 관련해서는 투자와 보유 전략을 고수한다. 이 방식은 투자를 단순화해 주며 시장의 흐름을 따라잡기 위해 노력하는 방식보다 더 효과적이다. 가장 좋은 부분은 많은 시간을 절약해 준다는 점이다.

뮤추얼펀드에 투자하는 법

나는 뮤추얼펀드를 크게 신뢰한다. 잠시 설명하자면, 나는 대학에서 투자와 증권을 전공했다. 교과 과정 대부분이 주식을 분석하고 최고의 종목을 선택하는 과제에 집중되어 있었다. 하지만 최근에 나는 대부분의 돈을 뮤추얼펀드에 집어넣고 있다. 그 이유는 간단하다. 80/20 법칙을 따르기 위해서다.

30년이 넘는 지난 세월 동안 나는 적절하게 선택한 뮤추얼펀드가, 주식 종목을 일일이 선택하는 방식에 필적하는 연 수익률을 올릴 수 있다는 사실을 확인했다. 뮤추얼펀드에 투자하는 데는 오랜 시간과 힘든 노력이 필요하지 않다. 말 그대로 한 달에 60초도 안 되는 시간만 소요될 뿐이다.

다음은 내가 뮤추얼펀드에 투자할 때 사용하는 방법이다(다시 한번 말하지만, 특정한 투자 권유로 받아들이지 말자).

▸실행법

첫째, 뱅가드vanguard.com에 접속한다. 내가 뱅가드를 선호하는 이유는 노 로드 펀드no-load fund(판매수수료가 없는 펀드)와 비용지급비율expense ratio이 낮은 펀드를 판매하기 때문이다.

둘째, 여러 인덱스 펀드를 선택한 뒤 서로 비교한다. 여기서 나는 각각의 비용지급비율과 포트폴리오(미국 주식과 펀드를 선호한다), 10년 전 그 펀드에 투입된 1만 달러의 성과에 주목한다. 후자는 뱅가드 웹 사이트에 올라온 그래프를 통해 확인할 수 있다.

셋째, 이들 펀드 중 최고의 것을 선택한다.

이것이 전부다. 나는 한 달에 한 번 그렇게 선택한 펀드에 돈을 넣는다. 게다가 뱅가드 사이트는 대단히 직관적이기 때문에 60초도 되지 않는 시간에 이 모든 일을 처리할 수 있다. 그리고 10년간 성과 기록을 보유한 팀이 내 돈을 전문적으로 관리해 주고 있다고 믿는다.

파레토 법칙을 적용한 부동산 투자

많은 사람이 부동산 투자를 선호한다. 어떤 사람들은 주거용 부동산을 사들여 수리한 뒤 다시 팔아서 돈을 번다. 다른 이들은 매수한 부동산을 임대해서 매월 현금 흐름을 만든다.

둘 다 부동산 투자로부터 보상을 얻을 수 있는 좋은 방법이다. 그러나 이를 위해서는 많은 시간과 노력이 필요하다. 예를 들어 수익 후 매도해서 차익을 남길 목적이라면, 매수자의 마음에 들 정도로 집을 충분히 보수해야 한다. 또, 집주인 입장에서 부동산을 임대할 때도 많은 골칫거리가 따른다.

이러한 투자 방식보다 훨씬 쉬운 방법이 있다. 바로 리츠REITs(부동산투자신탁)에 투자하는 것이다. 리츠에 투자하면 집을 사고 팔거나 임대하는 일과 관련된 여러 가지 복잡한 과제를 위임할 수 있다.

리츠의 매력은 단순함에 있다. 투자자는 리츠가 보유한 부동산의 가치 상승과 임대 수익으로부터 경제적 이익을 얻는다. 기존의 부동산 투자 방식에 따른 번거로움은 피하면서 말이다. 리츠 투자야말로 파레토 법칙을 적용한 좋은 사례다. 리츠에 투자하는 방법도 뮤추얼펀드에 투자하는 방법과 비슷하다.

▶ **실행법**

첫째, 뱅가드에 접속한다.

둘째, 뱅가드가 추천하는 다양한 주요 펀드의 세부적인 정보를 비교한다. 뱅가드의 대표적인 리츠뿐 아니라 다른 기업이 제공하는 리츠에 투자하는 인덱스 펀드도 함께 비교한다.

셋째, 그중에서 1~2개의 펀드를 선택한 뒤 매월 거기에 돈을 넣는다.

투자를 해보지 않는 사람들의 눈에는 투자라는 것이 대단히 복잡해 보일 것이다. 하지만 실제로는 간단하다. 80/20 법칙을 투자를 위한 의사결정에 적용하고, 몇 가지 중요한 사항에만 집중하면서 나머지는 무시하면 된다. 그렇게 하면, 최소한의 시간으로 성과 좋은 포트폴리오를 구축할 수 있다.

슬기로운
신용 카드 정리법

신용 카드는 제대로만 사용하면 더없이 훌륭한 도구가 된다. 그러나 잘못 사용하면 인생의 큰 골칫거리가 된다.

당신은 아마 카드빚에 빠져 허우적거리는 사람을 몇 명쯤 알고 있을 것이다. 혹은 카드빚에 눌려 숨이 막혔던 경험을 직접 했을지도 모르겠다.

한번은, 수십 장의 신용 카드를 자랑삼아 꺼내 보이는 사람을 만난 적이 있다. 솔직히 말해서 무척이나 당혹스러웠다. 나는 신용 카드가 도움을 주기보다 더 많은 문제를 일으킨다고 항상 생각해 왔기 때문이다. 더 많은 카드를 사용할수록 무언가를 놓칠 위험이 더 커지고 결국에는 난관에 봉착하게 된다.

나는 80/20 법칙을 신용 카드 사용에도 적용하기를 권한다. 신용 카드 사용 방식을 단순화하면 중요한 실수를 할 위험을 줄일 수 있다. 그리고 카드를 올바로 활용함으로써 중요한 보상을 얻을 수 있다(이와 관련해서는 뒤에서 자세히 설명하겠다).

필요 없는 신용 카드 없애기

우리는 1~2장의 신용 카드만으로도 충분히 살아갈 수 있다. 그 이상의 카드는 불필요하다.

심지어 너무 많은 카드 발급은 오히려 신용 점수에 도움이 되지 않는다. 한도 초과가 아닌 이상, 2장의 신용 카드가 10장의 카드보다 신용 점수를 올리는 데 더 유리하다(신용관리기관은 카드 사용률도 고려한다).

많은 카드를 사용한다고 해서 경제적으로 더 유연해지는 것도 아니다. 한도가 높은 2장의 카드를 보유하는 것은 한도가 낮은 10장의 카드를 보유하는 것과 같다. 게다가 카드가 많을수록 연회비 부담도 증가한다는 걸 기억해야 한다.

많은 이가 다양한 혜택을 얻기 위해 여러 카드를 보유하지만, 이는 오히려 장기적 차원에서 도움이 되지 않는다. 아마도 별 도움이 되지 않을 혜택을 얻기 위해 시간만 허비하게 될 것이다.

몇 년 전 나는 디스커버 카드를 신청했다. 그 카드를 가져본 적이 없었지만(물론 사용해 본 적도 없었다), 그 카드에 대한 긍정적인 소식을 계속해서 들었던 터라 결국 신청하게 되었다. 그리고 그 후 한 번도 사용하지 않았다.

1년 뒤 디스커버로부터 우편물이 날아왔다. 내용은 이랬다. '30일 안에 카드를 사용하지 않으면 계정이 사라집니다.' 그래서 나는 카드를 사용했다.

그건 좋은 생각이 아니었다. 나는 디스커버 카드가 필요하지 않았다. 지금도 서랍 속에서 먼지만 쌓이고 있다. 다음에 디스커버에서 계정이 사라질 거란 협박 편지를 보내오면 그렇게 되도록 내버려둘 것이다. 그러면 고민거리가 하나 줄어들 테니까.

신용 카드가 많다면, 2장만 남기고 모두 없애버릴 것을 권한다. 사실 2장도 많다.

▸ **실행법**

첫째, 각각의 신용 한도 및 이자율과 함께 신용 카드의 목록을 작성한다.

둘째, 그중 2장을 선택한다. 신용 한도가 가장 높고, 이자율이 가장 낮으며, 많은 보상을 제공하는 카드 2장이 가장 이상적이다.

셋째, 그 밖의 다른 신용 카드는 카드 회사에 전화를 걸어 해지

신청을 한다. 물론 그전에 사용액을 모두 처리하자.

여러 장의 카드를 소지할 이유는 없다. 여기서도 80/20 법칙을 활용하자. 하나의 카드로 대부분의 구매를 하되, 다른 하나의 카드는 만약을 대비해서 갖고 있자.

카드 수가 적다는 것은 골칫거리도 적다는 것이다.

가장 쓸모 있는 카드만 남길 것

혜택을 누릴 생각으로 특정 신용 카드를 보유하고 있다면, 그 혜택이 자신에게 정말로 중요한지 확인하자. 예를 들어 여행 관련 혜택을 위해서 신용 카드를 사용한다고 해보자. 그런데 당신은 그 혜택을 온전히 누릴 만큼 충분히 여행을 많이 다니지 않는다. 그렇다면 그 카드를 사용할 이유가 무엇인가?

또한 원하는 혜택이 다른 카드의 혜택과 겹치지 않는지 확인하자. 예를 들어 캐시백을 제공하는 3장의 카드를 사용하는데 캐시백 비율이 모두 같다면? 그러면 카드 1장으로 충분하다. 다른 2장을 보유할 이유는 무엇인가? 나머지 2장의 캐시백 기능은 사용하지 않아도 된다.

파레토 법칙을 적용해서 혜택을 기준으로 어떤 카드를 보유할 것인지(혹은 신청할 것인지), 또 어떤 카드를 해지할 것인지 결정하자.

▶ **실행법**

첫째, 자신에게 가장 도움이 되는 2가지 혜택을 확인한다. 예를 들어 여행을 많이 다닌다면 항공사 마일리지나 호텔 포인트가 가장 도움이 될 것이다. 운전을 많이 한다면 주유비 할인을 지원하는 카드가 필요할 것이다. 모든 구매를 신용 카드로 한다면, 캐시백 보상이 합리적인 선택일 것이다.

둘째, 이러한 혜택을 제공하지 않는 다른 모든 카드를 해지한다. 같은 혜택을 주는 카드가 2개 이상이라면 하나만 남기고 모두 해지하자.

셋째, 혜택을 제공하는 카드를 가능할 때마다 사용한다. 식당과 식료품점, 아마존닷컴, 호텔에서도 사용하자. 헬스장 멤버십이나 넷플릭스 계정처럼 반복적으로 지급해야 하는 경우라면, 그 카드로 자동 결제를 걸어두자. 그러면 포인트를 빨리 쌓을 수 있다.

카드 수가
적으면

골칫거리도
적다.

여러 신용 카드의 잔고 통합하기

여러 신용 카드의 결제 내역은 매월 말에 한꺼번에 빠져나가게 하는 것이 가장 이상적이다. 이러한 방법으로 연체 수수료 발생 위험을 낮출 수 있다.

그러나 연체 이자가 발생하기 전에 결제하는 것이 항상 가능한 것은 아니다. 응급상황이 발생해서 감당하지 못할 정도로 결제 대금이 늘어날 수 있기 때문이다. 또한 카드가 많을수록 관리는 더욱 힘들어진다.

여러 장의 카드에 결제 대금 잔액이 있다면 80/20 법칙을 활용해서 단순화하자. 미국의 경우 1장의 잔고 송금 카드balance transfer card를 사용하면 여러 계좌를 통합할 수 있다. 그렇게 계좌를 통합하면, 하나의 최종 잔고 결제만 신경 쓰면 된다.

▸실행법

첫째, 합리적인 이자율과 낮은 송금 수수료를 제시하는 계좌를 찾아본다. 송금 수수료도 없고 연 이자율도 0%인 계좌가 가장 좋다.

둘째, 이 새로운 계좌에 가능한 한 많은 카드를 연결한다.

셋째, 다음으로 기존 계좌 중 하나만 남겨두고 모두 닫는다. 응급상황에 대비해서 그 계좌만 열어놓자.

이제 당신은 하나의 마감일만 기억하고 하나의 잔고만 처리하면 된다. 여러 카드의 대금을 각각 납부하는 것보다 관리하기가 훨씬 더 수월해질 것이다.

신용 카드 사용과 관련해서는 간단한 것이 항상 제일 좋다. 파레토 법칙에 주목하길 강력히 권한다. 신중하게 선택한 1~2장의 카드만 사용해도 여러 장을 동시에 사용하는 것만큼 많은 이익을 얻을 수 있다.

6장

학습 효율 극대화

우리는 평생 새로운 것을 배운다. 책을 읽거나 직장에서 일을 하거나 TED 강연을 볼 때, 우리 뇌는 새로운 정보를 즉각적으로 받아들인다.

어떤 이에게 학습은 그 자체로 보상이다. 새로운 개념과 아이디어를 발견하고 새로운 기술을 습득하는 것 자체로 가치 있다고 여기기 때문이다.

반면 학습을 '목적'을 달성하기 위한 수단으로 여기는 이도 있다. 이들은 특정한 목표를 성취하기 위해서 학습한다. 그들에게 학습은 경력을 발전시키고, 돈을 벌며, 생산성을 끌어올리고, 혹은 자신의 가치를 높이기 위한 수단이다.

나는 후자에 해당한다. 즉, 특정한 목적을 가지고 무언가를 배운다. 특히 새로운 지식과 기술을 활용해서 특정한 결과를 얻길 원하기 때문에 언제든 빨리 배우려고 한다.

6장의 논의는 바로 이러한 관점에서 풀어 나가려고 한다. 다시 말해, 파레토 법칙을 바탕으로 학습하고 새로운 지식을 활용함으로써 최고의 결과를 끌어내는 방법을 보여주는 것이 목적이다. 나아가 우리의 목표는 최대한 짧은 시간에 그 일을 해내는 것이다.

학습 효과를 끌어올리는 시간 활용법

사람들은 다양한 방식으로 학습하며, 그 효과는 개인마다 다르다. 다만 우리 뇌가 새로운 정보를 받아들이고 기억하는 방식에는 보편적인 진실이 있다. 그 진실을 이해하고 두뇌의 수용 방식대로 새로운 정보를 습득한다면, 학습 과정을 빠르게 진척시킬 수 있고 기억도 강화할 수 있다.

지금부터는 80/20 법칙을 토대로 효과가 가장 큰 학습 방법에 주목하고자 한다. 학습 효율을 끌어올리는 데 우리가 활용할 수 있는 방법은 대단히 많다. 그러나 여기서는 과제를 처리하고 목표를 달성하는 관점에서 효과가 가장 좋은 방법에만 집중할 것이다.

먼저 학습 '장소'부터 선택해 보자.

방해물 없는 공간 선택하기

사람들은 대부분 집중하는 것을 힘들어한다. 몇 분 동안이면 몰라도 그 이상이 지나면 주의가 산만해진다. 새로운 정보를 학습하거나 새로운 기술을 익히려고 할 때, 이러한 성향이 최대의 걸림돌이 된다. 그래서 학습에 더 오랜 시간이 걸리고 기억에도 문제가 생긴다.

집중하기 어렵다면 간단한 해결책이 있다. 그것은 방해물이 없는 학습 환경을 찾는 것이다.

▸ 실행법

첫째, 자신이 선택할 수 있는 장소를 찾아보라. 침실 문을 닫아 놓고 공부하면 방해받지 않을 것이다. 공공 도서관이나 대학 도서관에 갈 수도 있다. 인근 커피숍도 좋은 대안이 된다.

둘째, 공부할 때 전자 장비를 통한 외부 세상과의 교류를 모두 차단하라. 휴대전화를 끄자. 이메일을 확인하지 말자. 페이스북, 인스타그램, 트위터를 외면하자.

셋째, 많은 사람이 드나드는 공간(가령 커피숍이나 공공 도서관)에서 공부한다면 헤드폰으로 음악을 들어라. 음악은 주변 소음을 차단해 준다. 게다가 헤드폰은 사람들이 당신을 방해하지 않도록 막아준다.

학습 능력을 끌어올리기 위해 할 수 있는 일은 많다. 하지만 이 간단한 방법(방해물이 없는 공간을 선택하기)만으로도 뇌가 새로운 정보를 효과적으로 처리하게 만들 수 있다.

집중 학습을 위한 시간 구분하기

최대한 오랜 시간 공부하는 것이 최고라고 생각하기 쉽다. 그래서 사람들은 어떻게든 흐름을 유지하고 시간 낭비를 줄이려고 한다. 하지만 실제로 학습에 도움이 되는 것은 휴식이다. 우리 뇌가 새로운 정보를 처리하고 기억하기 위해서는 오히려 휴식이 잦을수록 좋다.

휴식 없이 공부를 지속할 때, 필연적으로 집중력과 기억력이 떨어진다. 그리고 떨어지는 속도는 시간이 지날수록 더 빨라진다. 결국 뇌가 정보를 제대로 기억하지 못하면서 시간 낭비로 이

휴식하지 않으면,
집중력과 기억력이
떨어진다.

어지고 마는 것이다.

앞서 살펴봤듯이 이 문제를 해결할 방법은 매우 다양하다. 그러나 여기서도 우리는 파레토 법칙에 집중할 것이다. 즉, 최고의 효과를 가져다줄 방식에 주목하는 것이다. 이를 위해 나는 공부 시간을 여러 개의 덩어리로 쪼개는 방법을 강력하게 권한다.

▸실행법

첫째, 휴식을 취하기 전에 얼마나 공부할 것인지 미리 정해놓는다. 나는 30분 동안 공부하고 5분 동안 쉬는 방법을 권한다. 단, 당신이 직접 실험해 보면서 자신에게 맞는 시간을 찾아보길 바란다. 어쩌면 자신에게는 60분 동안 집중하고 15분 쉬는 게 더 적합하다는 걸 발견할 수도 있다. 시간 구분에 있어 정해진 기준은 없다. 한 가지 조언을 하자면, 타이머를 사용해서 휴식 시간 알림을 설정하자. 그러면 계속해서 시계를 들여다볼 필요가 없을 것이다.

둘째, 휴식 시간에 할 일을 미리 구상해 둔다. 긴장을 풀 수 있는 활동을 고려하자. 가령 페이스북을 확인하는 것보다는 밖에 나가서 산책하거나, 건강한 간식을 먹거나, 친구와 짧게 통화를 하는 것이 낫다. 이러한 활동으로 우리 뇌가 주의력을 보충하기 위한 여유를 누릴 수 있다.

셋째, 공부 계획을 세운다. 닥치는 대로 공부하기보다 각각의 공부 시간에 집중할 내용을 구체적으로 정해보라. 그렇게 함으로써 체계적인 방식으로 공부할 수 있다. 예를 들어, 50분의 공부 시간을 2부로 나누어 40분은 자신이 선택한 내용을 공부하고 10분은 스스로 테스트해 보는 시간을 가질 수 있다.

결과에 가장 큰 영향을 미칠 내용 공부하기

이 방법은 '순수한' 80/20이다.

새로운 내용을 공부할 때 직면하게 되는 최대 도전과제는, 공부 시간이 제한되어 있다는 사실이다. 당신이 학생이라면 숙제와 각종 프로젝트를 마무리하고 시험 준비를 해야 한다. 그것도 일반적으로 여러 과목을 동시에 해야 한다. 당신이 경영자라면, 과제와 프로젝트 그리고 하루 중 많은 시간을 차지하는 회의를 책임져야 한다. 전업주부라면, 집안일을 끝없이 처리해야 한다. 그러므로 새로운 것을 배우기 위해 따로 시간을 내는 것은 현실적으로 어려운 일이다.

우리는 가장 중요한 내용을 학습하는 데 집중하고 핵심적이지 않은 세부 사항에 시간을 낭비해선 안 된다. 예를 들어 포토샵을 배운다고 해보자. 그러면 당신이 가장 자주 사용하게 될 기능(레이어, 기본 프리셋, 스폿 힐링 브러시 등)을 익히는 데 시간을 집중하는 것이 좋다.

무엇에 집중해야 할지는 어떻게 알 수 있을까? 나는 다음 단계를 따르기를 권한다.

▸ **실행법**

첫째, 목적 의식을 갖고 시작하라. 왜 새로운 내용을 학습하려고 하는지 자문해 보자. 새로 얻은 지식이나 새로 개발한 기술을 어떻게 사용할 것인가? 다시 말해 어떤 결과를 원하는가?

둘째, 성취하려는 목표를 달성하는 데 가장 도움이 될 주제를 확인하라. 예를 들어 기타를 배운다고 해보자. 간단한 반주에 관심이 있다면, 코드를 잡는 법에 집중해야 할 것이다. 반면 기타리스트 에디 반 헤일런Eddie Van Halen처럼 연주하고 싶다면, 스케일과 모드를 비롯한 현란한 테크닉에 집중하자.

셋째, 나머지는 무시하라.

자신이 선택한 주제의 모든 세부적인 내용을 배울 시간은 없다. 당신에겐 다른 할 일이 있다. 그러므로 최대한 빨리 학습하고 새로운 기술을 개발해야 한다.

80/20 법칙을 믿어라. 가장 짧은 시간에 최대의 효과를 가져다줄 부분에 집중하자.

과제와 프로젝트 해결 속도를 올리는 법

6장을 시작하면서 언급했듯이 우리가 추구하는 것은 완벽이 아니다. 우리는 구체적인 목적을 위해 새로운 내용을 배우고 새로운 기술을 개발하려는 것이다.

파레토 법칙은 완벽주의를 받아들이지 않는다. 이 법칙은 주어진 자원의 20%를 활용해서 80%의 목표를 달성하라고 말한다. 이 말은 20%의 시점 이후로는 수익 체감의 법칙이 작용한다는 의미이기도 하다. 당신이 시간과 노력을 추가할수록 수익은 계속해서 감소한다.

이러한 생각이 우리에게 무언가를 빨리 배워야 할 동기를 부여한다. 교육과 훈련의 관점에서 완벽주의를 포기한다면, 목표를 달성하기 위한 학습에 주의를 집중할 수 있다.

우리는 80/20 법칙을 적용함으로써 일을 더 빨리 처리할 수 있다. 이로써 당신은 제한된 시간을 최대한 활용하고, 그 시간을 가장 효과적이고 생산적인 방식으로 할당하고 있다는 사실을 깨닫게 될 것이다.

생산성의 적, 완벽주의

당신이 학생이고 최근 과제에서 만점을 받았다고 해보자. 그런데 이러한 결과가 당신의 전반적인 학업 성과에 얼마나 영향을 미칠까?

당신이 프로젝트 관리자이고 최근 프로젝트를 완벽하게 마무리했다고 해보자. 아마도 칭찬을 받았을 것이다. 그런데 다음 달에 누가 그것을 신경이나 쓸까?

당신이 사진작가이고 기술적으로 완벽한 사진을 찍었다고 해보자. 그러한 성과에 대한 칭송이 얼마나 오래갈까?

핵심은 완벽한 일 처리가 장기적인 이익을 만들어내지 못한다는 것이다. 그러한 성공은 단기적으로 끝난다. 우리가 고려해야 할 중요한 대목이다. 우리가 특정한 목적을 위해 학습하고 있다

우리의 목표는
'가장 중요한 일'을
처리하는 것이 되어야 한다.

면, 새로운 지식과 기술을 활용해서 완벽한 성과를 만들어내는 것이 중요한 게 아니다. 그렇게 하는 것은 우리의 목적에 반한다.

새로운 지식과 기술을 활용하는 것은 학습 과정에서 중요한 역할을 하지만, 완벽하게 무언가를 처리하려는 노력이 얼마나 비생산적인지를 이해하는 것이 중요하다. 자신의 습관과 경험에 따라, 관점에 작은 변화가 필요하다.

▸실행법

첫째, 완벽주의는 결코 건강하지 않은 충동이라는 사실을 인식하자.

둘째, 일을 완벽하게 처리하기 위해 새로운 지식과 기술을 활용하는 데 투자하는 시간은 '낭비'라는 사실을 받아들이자.

셋째, 새로운 내용을 배우는 궁극적인 이유는 더 효율적이고, 생산적이며, 가치 있게 일하기 위함이라는 사실을 명심하자. 여기에 완벽주의는 들어설 곳이 없다.

영향력이 큰 소수의 과제에 집중하기

생산성을 높인다는 차원에서, 우리의 목표가 '모든' 일을 처리하는 것이 되어서는 안 된다. 대신 가장 '중요한' 일을 처리하는 것이 되어야 한다.

이를 위해서는 지식과 기술의 범위를 확장할 때마다 최고의 결과를 만들어낼 과제에 집중해야 한다. 그래야 새롭게 배운 지식과 역량을 최대한 발휘할 수 있다. 이것이 80/20 법칙의 핵심이다. 즉, 적은 것으로 많은 것을 만들어내는 것 말이다.

문제는 최고의 영향을 만들어내기 위해 어떻게 새로운 기술과 지식을 활용해야 하는지 알기가 쉽지 않다는 사실이다. 이를 위해 따라야 할 간단한 단계를 살펴보자.

▸실행법

첫째, 새로운 정보와 기술을 학습하는 목적을 적어보라. 이것이 목적 달성에 도움이 된다. 즉, 목적에 집중하게 해준다.

둘째, 새롭게 개발한 전문적인 역량 덕분에 해결할 수 있게 된 과제의 목록을 작성해 보라.

셋째, 목적의 관점에서 목록 속 각각의 과제를 들여다보라. 예상하는 영향력에 따라 순위를 매겨보자.

이 간단한 3단계를 통해 우리는 시간과 주의를 어디에 할당해야 할지 분명히 이해하게 된다. 그리고 최고의 결과를 만들어낼 소수의 과제를 분명하게 확인할 수 있고, 자신이 배운 것을 최대한 활용할 수 있다.

완벽과 효율 사이에서 균형 찾기

완벽보다 효율이 중요하다. 효율성이 높다는 말은 체계적인 방식으로 일을 처리한다는 말이다. 또한 자원을 최대한 활용하는 방식으로 처리한다는 뜻이다.

항상 바빠서 시간을 낭비할 여유가 없는 상황에서도 대단히 생산적으로 업무를 처리하는 사람을 알고 있는가? 그는 아마 시간이 2배 더 많은 사람보다 훨씬 더 '중요한' 일에 집중하고 있을 것이다.

그는 효율성이 대단히 높은 사람이다. 나는 그가 완벽한 결과에 집착하지 않을 거라 장담한다. '불완전한' 결과는 지속적인 효율성을 위한 대가다.

새로운 전문 기술을 익힐 때면, 그 기술을 활용해서 최대한 일을 잘 처리하고 싶은 마음이 자연스럽게 든다. 완벽한 결과물이 발전을 보여주는 객관적인 근거로 기능하기 때문이다. 그러나 다시 한번 우리의 목적에 비추어볼 때, 중요한 것은 완벽이 아니라 효율이다. 그렇다면 우리의 질문은 이런 것이 되어야 한다. 어떻게 올바른 균형점을 찾을 수 있을까?

▸ **실행법**

첫째, 새로운 교육과 훈련을 추구하는 목적을 떠올려보라. 무엇을 성취하려고 하는가?

둘째, 자신이 원하는 결과를 정의하라. 이는 목적의 연장선에 있다. 예를 들어 자신이 즐겨 쓰는 스프레드시트 프로그램을 활용해 피벗 테이블을 작성하는 방법을 배운다고 해보자. 당신은 이를 통해 업무를 보다 효과적으로 처리할 수 있기를 바란다. 이것이 당신의 '목적'이다. 당신이 '원하는 결과'는 스프레드시트를 가지고 데이터를 보다 체계적으로 정리함으로써 통찰력을 끌어내는 것이다.

셋째, 목적을 달성하고 원하는 결과를 만들어내기 위해 피벗 테이블 전문가가 될 필요는 없다는 사실을 인정하라. 다만 그것을 사용하는 방법을 배워서 효율성을 높이면 된다.

다시 한번 말하지만, 우리는 발전하기 위해 뭔가 새로운 것을 배운다. 이 책을 읽고 있다는 점에서 당신은 틀림없이 보다 효율적이고, 생산적이고, 가치 있게 되기를 원할 것이다. 더 많은 것을 얻고 싶다면 완벽을 포기할 자유를 자신에게 허용하라. 그러면 시간과 노력을 더 효율적으로 활용할 수 있고 새롭게 익힌 기술을 더 신속하게 이용할 수 있을 것이다.

성공과 실패에 대한 재정의

많은 사람이 성공과 실패를 이분법적 차원에서 생각한다. 성공하거나 실패한다. 중간은 없다.

게다가 엄격한 잣대를 적용해서 실패를 정의한다. 예를 들어 학생은 A 미만의 학점을 모두 실패로 인정한다. 관리자는 자신이 이끄는 프로젝트 일정에 조그마한 차질이 발생해도 실패로 받아들인다. 전업주부는 자녀의 짜증을 실패로 인식한다.

이러한 태도는 도움보다 해를 더 많이 입힌다. 이 같은 접근 방식은 실패가 절대적이며 비판받아 마땅하다고 생각하게 만든다. 나아가 사람들이 포기하도록 압박한다.

하지만 긍정적이든 부정적이든 모든 결과는 배움의 기회를 제공한다. 부정적인 결과는 실패가 아니라, 목표를 재점검하고 다른 효과적인 접근 방식을 고려해 보라는 제안이 된다. 나아가 긍정적인 결과를 얻게 되면 비록 완벽한 기준을 충족시키지는 못해도 올바른 경로를 따라 나아가고 있음을 확인하게 된다.

새로운 지식과 기술을 발휘할 때마다 생산성 향상에 집중해야 한다. 우리는 어쩌면 완벽한 결과물을 만들어낼 수 없을 것이다. 긍정적인 결과에 영향을 미치지 못할 수도 있다. 그러나 그러한 사실은 중요하지 않다. 중요한 정보에 대한 확실한 이해이든 새로운 기술의 습득이든 간에, 우리는 새로운 전문성을 개발함으로써 효율성을 높일 수 있다. 그리고 장기적인 차원에서 생산성을 끌어올릴 수 있다.

성장 마인드셋 개발하기

'성장 마인드셋'이라는 개념은 스탠퍼드대학교 심리학과 캐롤 드웩Carol Dweck 교수의 저서 《마인드셋*Mindset*》을 통해 널리 알려졌다. 간단하게 말해서, 성장 마인드셋을 지닌 사람은 노력과 끈기를 통해 어떤 기술이든 개발할 수 있다고 생각하고, 반대로 고정 마인드셋을 지닌 사람은 성공이 재능에서 비롯된다고 믿는다는 것이다. 당신은 재능을 타고났거나 아니거나 둘 중

하나일 것이다.

파레토 법칙을 충분히 활용하고자 한다면, 필수적으로 성장 마인드셋을 갖춰야 한다. 이러한 마음가짐은 발전이 영구적으로 이루어질 수 있다는 생각에 기초한다. 최대의 결과를 계속해서 만들어내는 소수의 요소에 집중할 때, 우리는 성공을 거둘 수 있다. 그렇다면 성장 마인드셋을 어떻게 개발할 것인가?

▸ 실행법

첫째, 자신의 목표와 조화를 이루는 새로운 기술과 이론을 배울 수 있는 기회를 모색하라. 앞선 예시처럼, 업무 효율성을 높이기 위해 스프레드시트로 피벗 테이블을 만드는 방법을 배운다면, 유튜브에서 그 주제를 가르치는 영상을 찾아봐야 할 것이다. 혹은 비즈니스 관점에서 피벗 테이블을 강의하는 온라인 수업을 듣는 것도 좋은 방법이다.

둘째, 도전과제에 정면으로 맞서라. 새로운 자료를 학습하고 이를 생산적으로 활용하는 것은 쉽지 않다. 아마도 장애물을 만나게 될 것이다. 그러한 장애물을 직접적으로 맞닥뜨릴 때, 더욱 탄력적으로 대처하게 될 것이다.

셋째, 목적의식을 가져라. 전문성을 개발하려는 이유를 분명하게 설명할 수 있다면, 스스로 세운 목표를 더 잘 성취하게 될 것이다.

성장 마인드셋을 개발함으로써 우리는 더욱 자신 있게 새로운 아이디어를 배우고 새로운 기술을 익히게 될 것이다. 우리가 해야 할 일은 필요할 때마다 성장 마인드셋의 개념을 떠올리는 것이다. 동시에 목적의식을 유지함으로써 노력의 방향을 결정하고 과제를 처리해 나갈 수 있다.

건설적인 비판 수용하기

누군가가 자신을 비판할 때 우리는 자연스럽게 방어적인 태도를 취한다. 비판은 실패에 대한 비난으로 느껴진다. 자신의 역량이 공격받는 것처럼 생각된다.

그러나 건설적인 비판은 강력한 도구가 될 수 있다. 특히 우리가 존경하는 사람이 제시할 때에는 더욱 그렇다. 그것은 실패에 대한 비난이 아니다. 대신에 우리는 그것을 개인적인 성장을 위한 기반으로 삼을 수 있으며, 효율성을 가로막는 문제를 해결하는 도구로 쓸 수 있다.

나는 비판을 수용함으로써 모든 분야에서 더 많은 것을 배울 수 있다는 사실을 깨달았다. 새로운 기술을 제대로 활용하지 못할 때, 다른 사람들의 건설적인 조언을 받아들임으로써 더 발전할 수 있다. 새로운 개념을 제대로 이해하지 못했을 때, 친구와 지인이 주는 피드백을 받아들임으로써 이해도를 높일 수 있다.

이러한 건설적인 비판은 내 삶의 모든 측면에서 성장에 중요한 역할을 해주었다. 그래서 나는 당신도 건설적인 비판을 적극적으로 받아들였으면 좋겠다. 이를 위한 방법을 소개한다.

▸실행법

첫째, 사람들이 건설적인 비판을 제시하는 것은 당신을 기분 나쁘게 만들기 위한 것이 아님을 이해하라. 그들은 당신에게 도움을 주려는 마음으로 그렇게 한다. 그러므로 방어적인 태도를 취할 필요가 없다.

둘째, 피드백을 주는 사람에게 더 구체적으로 말해달라고 요청하라. 가령 친구가 "기타 연습을 좀 더 해야겠어"라고 말하는 대신, 코드 소리가 선명하게 들리지 않고, 연주 속도가 너무 빠른 데다, 스트로크가 강하다고 지적해 준다면, 연습할 때 훨씬 더 도움이 될 것이다.

셋째, 조언에 따라 행동을 취하라. 예를 들어 코드 소리를 더욱 분명하게 가다듬고, 연주를 좀 더 차분하게 하고, 스트로크를 부드럽게 하는 연습을 하는 것이다. 조언에 따라 노력하는 것은 발전을 위한 기회를 기꺼이 잡은 것이나 마찬가지다.

나는 80/20 법칙을 기반으로 평생 새로운 것을 배우고 활용하기를 권한다. 우리가 모든 분야에서 전문가가 될 필요는 없다. 새로운 지식과 기술을 활용해서 완벽한 결과물을 만들어낼 필요도 없다. 다만 목적의식을 갖고 시작하자. 그리고 결과의 대부분을 만들어내는 노력에 집중하자.

그렇게 한다면 앞으로 학습 과정을 더 즐기게 될 것이며, 효율성 향상의 증거를 직접 확인하게 될 것이다.

7장

비즈니스 성공률 극대화

당신이 소규모 비즈니스를 운영하고 있다면, 그것이 단지 부업이라고 해도 이를 유지하기 위해 얼마나 많은 시간과 노력이 필요한지 경험적으로 잘 알 것이다. 특히나 직장을 다니면서 운영 중이라면, 삶의 두 영역에서 업무량이 증가할 때 얼마나 정신없이 바쁜지도.

그런데 삶을 더 편안하게 만들면서 비즈니스를 키울 수 있다면 어떨까? 일주일에 70시간 이상 일하지 않으면서도 고객층을 확장하고 수익을 높일 수 있다면?

우리는 파레토 법칙을 활용함으로써 그렇게 할 수 있다. 파레토 법칙은 시간과 노력, 자본을 어떻게 활용해야 하는지 보여준다. 뿐만 아니라 어디에 투자해야 하는지도 분명하게 말해준다.

알다시피 80/20 법칙의 핵심 개념은 적은 노력으로 많은 성과를 올리는 것이다. 소규모 비즈니스만큼 이 법칙이 중요한 분야도 없다. 비즈니스 소유주로서 당신은 다양한 역할을 맡게 된다. 특히 사업을 시작할 때 더욱 그렇다. 어떤 역할이 중요하고 어떤 역할이 사소한지를 이해한다면 많은 시간을 절약함과 동시에 수익을 높일 수 있을 것이다.

비즈니스가 성장하는 과정에서 80/20 법칙을 계속해서 따른다면, 성장의 흐름에 놀라게 될 것이다.

단순하고 효율적인 마케팅 전략

세일즈와 마케팅은 비즈니스 운영에 매우 중요한 요소다. 성공은 대개 검색 용이성과 꾸준한 인지도에서 비롯된다. 물론 좋은 제품과 탄탄한 고객 서비스가 뒷받침되었을 때 말이다. 우리는 새로운 고객을 끌어들여야 하고, 동시에 기존 고객이 더 많이 구매하도록 유도해야 한다. 이를 위해 우리는 청중에게 다가가야 한다. 그것이 바로 세일즈와 마케팅의 목적이다.

좋은 소식은, 자신의 비즈니스에 관한 소문을 퍼뜨리기 위해 할 수 있는 일이 대단히 많다는 것이다. 단, 나쁜 소식은, 이들 대부분이 효과가 없다는 사실이다. 결국 제한된 시간과 예산만 축낼 뿐이다.

이제 80/20 법칙을 가장 강력한 동맹으로 만들 방법을 살펴보자. 80%의 수익을 일으키는 20%의 전술을 확인할 수만 있다면, 빠른 성장을 거둘 수 있다. 쓸모없는 세일즈와 마케팅 아이디어를 시도하지 않고도 그렇게 할 수 있다.

이러한 생각을 염두에 두고, 가장 중요한 자산 중 하나인 기존 고객을 살펴보자.

최고의 고객 파악하기

비즈니스 경영자는 모든 고객을 평등하게 대하려고 하는 경향이 있다. 그들은 모든 고객에게 똑같은 수준의 서비스를 제공하고 각각의 고객에게 똑같은 규칙을 적용하려고 한다. 그러나 이는 잘못된 생각이다.

파레토 법칙에 따르면, 20%의 고객이 80%의 매출을 만들어낸다. 그리고 20%의 고객이 80%의 고객 서비스 문제를 일으킨다. 내 경험상, 이들 두 그룹은 거의 중복되지 않는다. 최고 소비자는 고객 서비스 문제를 거의 일으키지 않는다.

일단 이러한 사실을 이해했다면, 고속 성장을 향한 열쇠를 쥐고 있는 셈이다. 최고 고객을 위해 최선을 다하라. 이들은 당신의 제품과 서비스를 구매하는 데 가장 많은 돈을 지출하고, 당신의 소규모 비즈니스가 성장하도록 도움을 주는 사람들이다.

이 특별 고객을 확인하고 나면 우리가 시간과 주의를 어디에 할애해야 할지 이해할 수 있다.

▶ 실행법

첫째, 지난 12개월간의 매출 합계를 구하라.

둘째, 각 고객이 그 기간에 걸쳐 얼마나 많이 소비했는지 보여주는 세일즈 보고서를 작성하라.

셋째, 각 고객이 총매출에 기여한 비중을 계산하라. 고객의 구매 금액을 전체 매출로 나누고 여기에 100을 곱하자.

이러한 방식으로 우리는 20%에 해당하는 최고 고객 집단을 확인할 수 있다. 이들은 특별한 주의를 기울여야 할 사람들이고, 만약 요구 사항이 있다면 규칙을 기꺼이 바꿔주어야 할 사람들이다.

덧붙여 말하자면, 우리는 이 개념을 한 단계 더 밀고 나갈 수 있다(그래야만 한다). 우리는 20% 고객이 80% 매출을 일으킨다는 사실을 안다. 나아가 그 그룹의 20%(혹은 전체 고객의 4%)가 64%의 매출을 일으킨다고 예측할 수 있다.

상업적으로 성공한 비즈니스를 운영하기 위해 이러한 '슈퍼' 고객이 많이 필요한 것은 아니다.

특별히 관리해야 할
20% 고객을
찾아라!

효과가 뚜렷한 마케팅 전술 활용하기

다시 한번 말하지만, 소규모 비즈니스를 알릴 수 있는 방법은 무수히 많다. 박람회에 참가하거나, 미디어에 광고를 낼 수도 있고, 고객에게 추천을 요청하거나, 언론 보도자료를 쓰고, 혹은 만나는 사람마다 명함을 건넬 수도 있다. 하지만 안타깝게도 이러한 방법 중 대부분은 시간 낭비에 불과하다.

앞서 대부분의 매출이 소수의 고객에게서 비롯된다는 사실을 이야기했는데, 이와 마찬가지로 대부분의 매출은 소수의 마케팅 전술에서 비롯된다.

시간과 노력, 자본을 가장 효율적인 전술에 집중할 때, 우리는 대단히 짧은 시간에 놀라운 결과를 만들어낼 수 있다. 이 말은 80/20 법칙을 활용해야 한다는 뜻이다.

▸실행법

첫째, 목표 청중을 확인하라. 이상적인 고객을 정의하는 단순한 고객 프로필을 작성하자. 여기에는 나이나 성별, 직업, 연봉, 교육 수준과 같은 세부 요소가 포함된다.

둘째, 이들 청중에게 다가설 수 있는 효과적인 방법을 확인하라. 가령 이상적인 고객들은 '웨비나webinar(웹상의 세미나)'를 통해 새로운 제품을 접하고 브랜드 충성심을 높인다. 혹은 소셜 미디어나 리뷰 웹 사이트(컨슈머 리포트Consumer Reports 같은)를 통해서, 혹은 구글에 특정 용어를 검색하면서 제품을 찾는다.

셋째, 가장 가능성이 큰 2가지 전술을 확인하라. 이러한 전술을 통해 고객에게 접근하는 데 마케팅 자원을 집중하자.

당연하게도, 모든 방법을 동원하고픈 욕심이 생길 것이다. 그러나 그렇게 하는 것은 결국 시간과 돈 낭비로 끝나고 만다. 효과가 있는 방법에 집중하라. 그러면 적은 노력으로 많은 매출을 일으킬 수 있다.

잘 팔리는 제품에 역량 집중하기

20% 제품이 80% 수익을 가져다준다. 그러므로 수익 대부분을 만들어내는 소수 제품에 홍보를 집중하는 것이 타당한 선택이다.

그렇다고 해서 수익이 낮은 제품을 무시하라는 말은 아니다. 수익이 낮아도 더 비싼 제품을 함께 사도록 유도하는 데 이 제품을 활용할 수 있다. 그러나 그러한 목적에도 부합하지 않는 수익이 낮은 제품이라면 판매를 중단하는 편이 옳다.

그렇게 함으로써 즉각적인 2가지 이익을 거둘 수 있다. 첫째, 제품군을 단순화할 수 있다. 단순화는 곧 높은 효율성을 의미한다. 둘째, 기업 성장을 가속하는 몇몇 제품에 시간을 집중할 여유를 얻을 수 있다.

그렇다면 가장 수익성이 좋은 제품을 어떻게 확인할 수 있을까? 다음 단계를 따르자.

▶ **실행법**

첫째, 제품 각각의 수익률을 구한다. 각각의 제품이 만들어낸 매출액에서 생산비를 뺀 수익을 구한 뒤, 이를 매출액으로 나누고 100을 곱하자.

둘째, 수익률을 기준으로 제품들의 순위를 매긴다.

셋째, 그 목록에서 상위 20% 제품에 마케팅을 집중한다. 또한 하위 20% 중 다른 제품의 판매 유도에 기여하지 못하는 제품이라면 판매 중단을 고려하자.

세일즈와 마케팅에는 많은 시간이 든다. 문제는 시간이 우리의 가장 귀중한 자산이라는 사실이다. 파레토 법칙을 활용해서 마케팅 작업을 단순화하고 비즈니스에 가장 큰 영향을 미치는 제품에 시간을 집중하자.

기업의 훌륭한 자산이 되는 직원 양성법

생산성의 관점에서 직원은 기업의 최대 자산이다. 하지만 한편으로 직원은 경영자의 시간을 가장 많이 잡아먹는 요소이기도 하다.

80/20 법칙에 따르면, 20% 직원이 기업의 생산적인 결과물에서 80%를 만들어낸다. 그들은 80%의 책임을 맡고, 문제에 대한 80%의 해결책을 내놓으며, 80% 매출을 만들어낸다.

그러므로 경영자는 최고 직원을 확인하고, 그들에게 수단과 재량권, 업무에 필요한 조언을 주어야 한다. 동시에 하위 성과자를 확인하고 그들이 성과를 개선하도록 도움을 주거나, 아니면 내보내야 한다.

최고 성과자를 육성하고 계속해서 동기를 부여한다면 기업이 새로운 차원의 매출과 수익성의 단계로 올라서게 만들 수 있다. 그 시작은 최고 성과자가 누구인지 확인하고 그들 각각의 장점을 확인하는 일이다.

능력을 파악하고 어울리는 업무에 투입하기

직원들은 저마다 서로 다른 장단점을 갖고 있다. 경영자가 해야 할 일은 각 직원이 비즈니스 성장에 최대한 기여하도록 만드는 것이다. 이를 위한 가장 효과적인 방법은 그들의 재능을 최대한 활용하는 것이다.

예를 들어 A라는 직원이 영업에 능하다면, 기존 고객 및 잠재 고객을 상대로 그의 재능을 발휘하도록 만들어야 한다. B라는 직원이 스프레드시트에 익숙하고 분석 능력이 뛰어나다면, 회계 업무 및 재무 보고서를 다루도록 해야 한다.

물론 직원의 장점을 파악하는 것이 항상 쉬운 것은 아니다. 그러나 일단 파악했다면, 그들이 기업의 성공에 큰 영향을 미치는 방식으로 능력을 발휘하도록 만들 수 있다. 직원이 어떻게 조직에 기여할 수 있는지 파악하기 위해 다음의 간단한 단계를 확인하고 따라보자.

▶ 실행법

첫째, 직원들에게 물어보라. 직원들과 일대일로 진지한 대화를 나누어보자. 그들이 가진 기술에 관해 구체적으로 이야기를 나누자. 그리고 그 과정에서 그들에게 더 잘 어울리는 다른 관심 분야가 있을 수 있다는 사실을 인식하자.

둘째, 직원의 경력을 검토하라. 이 회사에 들어오기 전에 그들은 무슨 일을 했는가? 얼마나 오랫동안 그 일을 했는가? 고속 승진과 같은 성공의 증거가 있는가?

셋째, 눈을 크게 떠라. 직원을 관찰하는 것이 그들과 이야기를 나누는 것만큼 중요하다는 사실을 이해해야 한다. 아마도 기획 프레젠테이션과 고객과의 의사소통, 데이터 분석, 까다로운 문제 해결에 이르기까지 특정 직원이 어떤 업무를 잘 처리하는지를 발견하게 될 것이다.

직원들의 재능에는 비즈니스 성과를 개선하기 위한 열쇠가 들어 있다. 80/20 법칙은 직원의 재능을 확인하고 이를 최대한 활용하라고 말한다.

하위 성과자를 끌어올리는 법

기업 소유주에게 있어 가장 힘든 과제 중 하나는 하위 성과자를 다루는 방식이다. 일단 하위 성과자를 확인했다면, 그들을 어떻게 다루어야 할까? 그들을 감정적으로 자극하지 않으면서 피드백을 주는 방법은 무엇일까? 그들의 성과가 왜 낮은지 이유를 파악해서 효과적으로 업무를 처리하도록 도움을 주는 방법은 무엇일까?

파레토 법칙은 20%의 직원이 성과와 관련된 문제 중 80%를 일으킨다고 말한다. 이 문제는 직접적으로 들여다볼 만한 가치가 있다. 그렇지 않으면 문제가 점점 더 커지고 결국 직원 전체의 사기가 떨어질 위험을 안게 된다.

아마도 짐작하겠지만 어떤 방식은 다른 방식보다 더 효과적이다. 나는 다음의 방법을 권한다.

▸실행법

첫째, 성과가 낮은 직원을 만나서 당신이 걱정하는 성과 문제에 대해 중점적으로 이야기를 나눈다. 당신이 바라는 변화에 대해 분명하고 직접적으로 전달하자.

둘째, 그의 성과가 떨어지고 있는 이유를 물어본다. 그 직원에게 동기를 부여할 방법을 찾을 수 있을 것이다.

셋째, 직원과 함께 성과 문제를 해결할 방법에 대해 논의한다. 해결책을 놓고 브레인스토밍을 하고 다음 회의 일정을 잡아서 직원의 변화를 확인하자.

이러한 접근 방식은 직원을 질책하거나 개선을 요구하는 것보다 더 효과적이다. 직원은 존중받는다는 느낌을 얻고, 이러한 느낌이 성과 개선을 자극한다. 당신은 아마도 중요한 가능성을 개발하고 이용할 수 있을 것이다. 약간의 조언을 붙이자면, 문제 있는 직원도 얼마든지 스타 성과자로 거듭날 수 있다.

운영 효율을 높이는 아웃소싱

운영자금은 소기업에 언제나 제약적인 요소다. 기업을 키우기 위해서 하고 싶은 모든 일을 할 돈이 충분치 않다. 여기에는 직원을 고용하는 것도 포함된다.

소기업 운영에는 직원 규모를 가볍게 유지하는 것이 도움이 된다. 신뢰하는 직원들에게 가장 중요한 과제와 활동을 맡기고, 나머지 업무는 아웃소싱으로 돌리는 것이다. 그러면 간접비를 관리할 수 있는 수준으로 유지할 수 있고, 조직을 통제하며, 필요에 따라 인력(일반적으로 프리랜서나 독립적인 계약자)을 고용함으로써 유연성을 확보할 수 있다.

무엇을 아웃소싱해야 할 것인지, 또 무엇을 자체적으로 처리해야 할 것인지 확신이 서지 않는다면 다음의 단계를 따라보자.

▸실행법

첫째, 2가지 목록을 작성한다. 첫 번째 목록에는 비즈니스 전략에 중요한 모든 과제가 포함된다. 두 번째 목록에는 전략에 큰 영향을 미치지 않는 과제가 들어간다.

둘째, 두 번째 목록을 검토한다. 향후 전략에 중요한 영향을 미칠 수 있는 과제와 활동 옆에 표시를 하자. 예를 들어 당장은 블로그 관리가 중요하지 않을 수 있다. 그러나 언젠가 이것이 마케팅 전략의 핵심 부분이 될 수도 있다. 그런 것이라면 아웃소싱으로 넘겨서는 안 된다.

셋째, 두 번째 목록에 포함된 그 밖의 모든 과제를 아웃소싱으로 전환한다. 가치가 낮은 과제는 당신이나 직원의 전문성을 요구하지 않는다. 이를 아웃소싱함으로써 당신과 직원은 자신의 전문적인 기술로 더 중요한 결과를 만들어낼 수 있는 과제에 더욱 집중할 수 있다.

비즈니스를 확장하는 스마트한 방법

비즈니스 확장과 관련해서 최고의 성과에 기여하는 과제에 집중하는 일이 얼마나 중요한지 살펴봤다. 구체적으로, 세일즈와 마케팅을 최적화하고, 제품군을 단순화하며, 가볍고 생산성 높은 노동력을 구축하는 방법을 논의했다. 지금부터는 이러한 아이디어를 바탕으로 한 단계 더 나아가보자.

우리는 기업의 활동 범위를 넓히고 매출을 끌어올리는 새로운 방법과 관련되어 있는, 일상적인 의사결정에 직면하게 될 것이다. 어떤 선택은 성공으로, 다른 선택은 실패로 드러날 것이다. 나는 80/20 법칙에 따라 당신과 당신의 기업이 효율성 높은 소수의 과제에 집중하고 나머지를 무시함으로써, 비즈니스 성과를 크게 올릴 수 있다는 것을 보여주고자 한다.

기업에 도움이 되는 기회 판별하기

비즈니스는 언제나 변화한다. 성장하거나 위축된다. 오랫동안 그대로 머물러 있는 법이 없다.

기업의 매출을 높이고 싶은가? 그렇다면 끊임없이 모습을 드러내는 '기회'와 맞닥뜨려야 한다. 대부분의 기회는 전망이 있어 보이지만, 사실은 주의를 분산시키는 것에 불과하다. 이러한 기회는 관심의 범위를 지나치게 확장하고 핵심 경쟁력을 넘어선 분야에 주목하게 만든다. 또 나아가 기업의 장기적인 가능성을 위협하는 값비싼 실수로 이어지게 할 수도 있다.

새로운 기회를 맞닥뜨릴 때마다 80/20 법칙에 따라 그것을 평가해야 한다.

▸실행법

첫째, 새 기회가 기존 비즈니스와 조화를 이루는지 자신에게 물어보라. 그렇지 않다면 무시하자.

둘째, 가장 소중한 고객(상위 20%)에게 그 기회와 관련된 제품이나 서비스를 구매하려는 의사가 있을지 고려하라. 그렇지 않다면 무시하자.

셋째, 그 기회를 잡기 위해서 자신과 자신의 팀에게 현재 없는 기술이 필요한지 생각해 보라. 그렇다면 포기하자.

다각화는 성장에 박차를 가하는 데 좋은 방법이다. 하지만 기존의 자산과 자원을 활용하는 방식으로 다각화를 추진하는 것이 중요하다. 그렇지 못한 기회는 주의력을 흩트리고 어쩌면 많은 대가를 치르게 할 수도 있다.

동기부여와 보상으로 최고 인재 육성하기

앞서 최고 성과자를 육성하는 노력의 중요성에 관해 이야기했다. 유능한 직원이 있을 때, 조직이 폭발적으로 성장할 수 있다. 단, 인재의 고용은 시작에 불과하다. 동기를 부여해야 하고, 사기를 진작시켜야 하며, 개인적인 목표를 달성할 수 있게 그들을 대우해 주는 것이 더 중요하다.

이는 쉽지 않은 주문이다. 특히 슈퍼스타 직원들을 다룰 때는 더욱 그렇다.

장점은 분명하다. 가치 높은 이들 직원은 당신에게 대단히 충성스러울 것이며 성과를 올리기 위해 최선을 다할 것이다. 그들을 올바르게 대우한다면 대부분 주인의식을 갖고 비즈니스를 지속적인 성공으로 이끌기 위해 노력할 것이다.

최고의 인재를 육성하는 일은 간단한 과제가 아니다. 그러나 그들에게 도구를 주고 동기와 조언의 올바른 조합을 제공한다면, 성공을 거둘 것이다.

▸실행법

첫째, 최고 성과자에게 업무 차원에서 어떻게 그들을 지원하길 바라는지 물어보라. 특정한 교육 프로그램을 만들어 달라는 등, 일부는 아마도 구체적인 아이디어를 갖고 있을 것이다.

둘째, 목표 달성에 대한 보상 시스템을 마련하라. 보상은 금전적인 형태를 취할 수 있다. 그러나 일부 직원은 유급 휴가와 같은 비금전적인 보상을 더 선호한다는 사실을 이해하자. 최고 성과자들과 개별 면담을 하면서 그들이 선호하는 형태의 보상을 직접 선택하게 하라.

셋째, 그들을 밀어붙여라. 최고 성과자라고 하더라도 그들의 잠재력을 완전히 실현하지 못했을 수 있다. 그들이 직업적인 (그리고 개인적인) 성장을 경험하도록 만드는 방법에 관해 함께 브레인스토밍을 해보자.

유능한 직원이 있을 때
조직은 폭발적으로
성장한다.

최고 인재들의 동기와 열정을 유지하는 일은 대단히 중요하다. 이들은 곧 기업을 성장시키는 과정에서 당신이 활용할 수 있는 최고의 지렛대를 의미한다.

새로운 고객 찾기

앞서 20%의 고객이 80%의 매출을 만들어낸다고 설명했다. 이러한 가치 높은 고객을 금처럼 여겨야 한다. 그들은 기업 성공의 주춧돌이다. 그러나 '새로운' 고객의 꾸준한 유입 또한 중요하다. 새로운 고객으로 전체 고객의 규모를 꾸준히 늘려나가지 않으면 성장하기 힘들기 때문이다.

핵심은 '올바른' 고객을 찾는 일이다. 당신이 정의한 이상적인 고객 프로필에 어울리는 이들 말이다. 그럴 때, 그들은 기업의 최고 20% 고객에 포함될 것이다. 그런데 이처럼 가치 있는 잠재고객을 어떻게 끌어들여야 할까? 다음 단계를 따라보자.

▸ 실행법

첫째, 이상적인 고객 프로필을 구체적으로 파악하라. 여기에는 나이와 성별, 학력, 직업, 연봉 같은 세부적인 요소가 이미 포함되어 있다. 우리는 그러한 프로필에 어울리는 고객에게 다가

가는 방법에 관한 아이디어를 갖고 있어야 한다. 그 세부적인 요소를 항상 염두에 두자.

둘째, 이러한 요소를 활용하기 위해 설계된 마케팅 프로그램을 수립하라. 예를 들어 이상적인 고객들이 소셜 미디어를 통해서 당신의 제품을 발견하고 브랜드 로열티를 갖게 된다고 해보자. 이러한 경우라면 브랜드 인지도를 높이고 제품에 관한 관심을 자극하기 위해 페이스북에서 마케팅 캠페인을 벌이자. 한 번에 한 채널에 집중하는 게 좋다. 그렇지 않으면 자원을 비효율적으로 쓰게 될 것이다.

셋째, 이상적인 고객을 끌어들이기 위한 인센티브를 놓고 브레인스토밍을 하라. 가령 가장 잘 팔리는 제품에 할인 혜택을 주는 것이다. 혹은 첫 구매에 대해 선물을 제공하는 것이다. 비즈니스 성격에 따라 무료배송이나 무이자 할부, 혹은 제품군과 관련된 무료 소프트웨어를 제공할 수도 있다.

소규모 비즈니스 운영은 쉽지 않다. 특히 시간과 자본이 크게 제한되어 있을 때는 더 힘들다. 하지만 파레토 법칙을 지렛대로 활용한다면 대단히 빠른 성장을 일궈낼 수 있을 것이다. 최고의 결과를 만들어내는 작은 노력에 집중하는 것이다.

적은 노력으로도 많은 결과를 만들 수 있다

이 책의 목적이 단지 독자들의 업무나 가정생활, 대인관계, 식단 관리 및 운동 루틴, 재정, 학습, 소규모 비즈니스의 수준을 높이는 것은 아니다. 진정한 목적은 시간과 노력 그리고 삶의 모든 측면에서 우리가 만들어내는 결과 사이의 연결고리를 바라보는 기존의 관점을 바꾸는 것이다.

간단하게 말해, 이 책을 통해 내가 하려던 것은 당신으로 하여금 새로운 마인드셋을 받아들이게 하는 것이었다. 적은 노력만으로도 많은 결과를 만들어낼 수 있다는 인식 말이다. 우리는 이 단순한 개념을 일상생활 구석구석에 적용해야 하고 그렇게 한다면 기대 이상의 결과를 얻을 수 있다. 나는 그 진실을 수년 전에 마주했다. 그리고 이제 당신도 그렇게 되기를 바란다.

80/20 법칙은 자기계발 산업이 만들어낸 그럴듯한 개념이 아니다. 이는 빌프레도 파레토가 1800년대 말 그 진실을 발견하기 훨씬 전부터 존재해 온 자연의 법칙이다. 우리는 이 법칙을 주변의 모든 영역에 적용할 수 있다.

우리는 이 법칙을 보다 광범위한 분야에 적용하고 활용함으로써 삶을 더 좋은 방향으로, 그것도 즉각 바꿀 수 있다. 우리가 해야 할 일이라곤, 진실을 이해하고 대부분의 주의와 에너지를 정말로 중요한 대상에 집중시키는 것이다.

파레토 법칙은 삶에 대한 우리의 직관에 반한다. 대부분의 사람들은 노력과 결과에 관한 전통적인 견해에 집착한다. 그들은 노력과 결과가 평등하게 연결되어 있다고 믿는다. 당신 역시 이러한 이야기를 흔히 들었을 것이다. "최선을 다하기만 한다면 언젠가는 반드시 성공할 것이다." 혹은 "비록 처음에는 실패하더라도 절대 포기하지 말고 계속해서 도전하라. 성공은 노력하는 자의 편이다."

그러나 이제 우리는 더 많은 것을 알고 있다. 성공은 단지 열심히 노력하고 계속해서 도전해야만 얻을 수 있는 것이 아니라는 사실을 말이다. 우리는 지렛대를 활용하는 방식으로도 얼마든지 성공을 거머쥘 수 있다. 이것이 80/20 법칙의 핵심이다.

나는 당신이 앞으로 몇 주 동안 삶에서 80/20 법칙의 증거를 찾아보았으면 한다. 주변의 모든 곳에서 찾아보라. 나는 당신이 이 법칙을 활용함으로써 적은 시간으로 많은 결과물을 만들어내고, 더 빨리 의사결정을 내리고, 그 과정에서 더 큰 확신과 만족감을 경험하게 될 것이라 확신한다!

부록

초생산성을 위한 10가지 습관

생산성을 높이고 싶다면 업무 흐름을 뒷받침하고 보완하는 습관을 개발해야 한다. 성공을 향해 나아가는 어떠한 루틴이나 규칙을 마련해 두지 않았다면, "생산성을 더 높일 거야!"라는 말은 아무 의미가 없다.

생산성을 지속적으로 끌어올리기 위해서는 집중력과 에너지, 끈기가 필요하다. 이를 통해 우리의 뇌와 몸은 언제든 효율적으로 일하기 위한 자원을 얻을 수 있다. 열정만으로는 충분치 않다.

예를 들어 마라톤을 완주하겠다고 결심한 사람이 있다고 생각해 보자. 그가 아무리 열정적이라고 해도, 마라톤 완주를 위한 훈련을 게을리한다면 실패할 것이다. 우리의 몸은 몇 달에 걸친 훈련을 통해 점점 증가하는 고통을 감내하는 법을 배운다. 또한 신체적 지구력과 함께 다양한 방식으로 정신적 지구력을 높인다.

생산적인 사람이 되기 위해서도 훈련이 필요하다. 이를 위해 매일 장거리를 달릴 필요는 없다. 대신 성공에 중요한 역할을 하는 올바른 습관의 조합을 개발해야 한다. 습관은 우리의 뇌와 몸이 주의 분산에 저항하고 역경을 이겨내도록 이끈다.

습관이 확고히 자리 잡지 않으면, 우리는 더 많은 일을 처리하기 위해 노력하는 과정에서 매번 힘든 싸움에 직면할 수밖에 없다. 마라톤 훈련과 마찬가지로 습관이 우리의 삶에 자리 잡게 하기 위해서는 시간이 필요하다. 우리 뇌는 당연하게도 모든 변화에 저항한다. 주의 분산을 이겨내는 것 역시 주요한 변화다. 포모도로 기법pomodoro technique(25분간 정해진 일을 하고 5분 쉬는 사이클을 4번 반복하는 방법)이나 타임복싱timeboxing(방대한 과제를 잘게 쪼개어 시간 단위로 하나씩 처리하는 방법)과 같은 시간 관리 전략 또한 마찬가지다. 간단하게 말해서, 우리 뇌는 자극에 반응하는 방식을 바꾸려는 모든 시도에 저항한다.

예를 들어 5분마다 이메일을 확인하는 나쁜 습관이 있다고 해보자. 이는 어떠한 측면에서 중독이다. 이제 그 습관을 없애기 위해 노력해 보려 한다(자신에게 도움이 되는 방향으로!). 5분마다 이메일을 확인하는 대신 매일 오전 10시와 오후 5시에 확인하는 규칙을 세운다.

뇌는 일단 저항할 것이다. 기억하자. 우리 뇌는 변화를 싫어한다. 그러나 성실함과 반복이 지속된다면 뇌는 결국 승복할 것이다. 몇 주 동안 매일 오전 10시와 오후 5시를 제외하고 이메일을 확인하지 않는다면, 우리는 그 싸움에서 승리할 수 있다.

변화에 대한 뇌의 자연적인 저항은, 우리가 생산성 향상을 이끄는 습관을 개발해야 하는 중요한 이유 중 하나다. 저항은 우리가 먹는 음식에서 활동에 이르기까지 다양한 방식으로 모습을 드러낸다.

왜 뇌는 변화에 저항할까?

전례 없는 수준의 생산성을 성취하기 위한 10가지 습관을 개발하기 전에, 인간의 뇌 속에서 무슨 일이 벌어지는지 이해할 필요가 있다.

왜 뇌는 변화를 싫어할까? 한 가지 이유는 뇌가 특정 자극에 서서히 적응하기 때문이다. 가령 매일 오후 5~7시에 TV를 시청한다고 해보자. 그럴 때 뇌는 우리가 앞으로도 계속해서 그럴 것이라고 기대한다. 그런데 오늘 저녁에 TV를 보지 않기로 한다면, 뇌는(무엇이 우리가 좋아하는 TV 프로그램을 대신하든 간에) 새로운 자극에 직면하게 된다.

새로운 자극에 노출될 때마다 우리 뇌는 뭔가 실수가 있었던 것은 아닌지, 그러한 실수로 인해 위험에 노출된 것은 아닌지 질문을 던진다. 그리고 이때 투쟁-도주 반응 메커니즘이 일어난다. 우리는 이러한 변화(여기서는 좋아하는 프로그램을 건너뛴 것)가 긍정적인 결과(생산성 향상)를 위한 것임을 이해한다. 하지만 우리 뇌는 아니다. 그래서 뇌는 저항한다.

이것이 바로 좋은 습관을 개발하는 데 시간이 걸리는 이유다. 우리는 뇌를 새로운 자극에 꾸준히 노출해서 좋은 습관을 받아들이지 않으려고 하는 저항을 허물어야 한다. 새로운 자극이 계속되면 결국 기존 자극을 대체하게 될 것이며, 그에 따라 우리 뇌는 변화할 것이다.

그 과정에 어느 정도의 시간이 걸릴지는 다음의 2가지 요인에 달렸다.

- 형성하고자 하는 습관
- 허물고자 하는 습관이 삶에 자리를 잡은 기간

우리는 무엇에 맞서 싸워야 하는지 이해했다. 이제 초생산성을 위한 10가지 습관에 관해 이야기해 볼 시간이다. 다음은 이 특별 부록에서 다뤄볼 10가지 항목이다.

- 일찍 일어나기
- 일어나자마자 일 시작하기

- 시간의 사용 효율 추적하기
- 목표에 기여하는 과제에 집중하기
- 효과적인 과제 관리 목록 만들기
- 건강한 식습관 유지하기
- 접근성 차단하기
- 확고한 80/20 태도 유지하기
- 완벽주의에서 벗어나기
- 한 번에 하나의 과제에 집중하기

이러한 항목과 관련해서 당신은 어쩌면 알아야 할 모든 것을 이미 알고 있다고 생각할지 모른다. 그래도 각 항목을 끝까지 읽어보기를 강력하게 권한다. 그리고 각각의 항목이 어떻게 업무 흐름과 생산성에서 긍정적인 변화를 만들어내는지 스스로 물어보기를 바란다. 나는 여러 가지 사소한 변화가 업무 흐름과 생산성에서 중대한 변화를 이끌어낼 것이라고 장담한다.

매일 아침 일어나는 시간에 관한 이야기부터 시작해 보자.

습관 1

일찍 일어나기

그토록 많은 유명 인사가 매일 아침 일찍 일어나는 것은 결코 우연이 아니다. 커피 업계의 거물 하워드 슐츠Howard Schultz는 매일 새벽 4시 30분에 일어난다고 한다. 세계 최대 채권운용사 핌코PIMCO의 설립자 빌 그로스Bill Gross도 마찬가지다. 두 사람에 비하면 억만장자 악동인 버진그룹의 리처드 브랜슨Richard Branson은 좀 늦게 일어나는 편이다. 그는 매일 아침 5시 45분에 침대에서 몸을 일으킨다. 그 밖에도 GM과 애플, 디즈니, 펩시, 스퀘어, 크라이슬러의 CEO들 역시 일찍 일어나는 사람들에 속한다.

일찍 일어나는 습관은 생산성이 높은 사람들 사이에서 생소한 것이 아니다. 세계적으로 유명한 역사적인 인물들 역시 해가 뜨기 전에 습관적으로 잠자리를 박차고 일어났다. 벤저민 프랭클린Benjamin Franklin은 매일 아침 5시에 기상했다고 한다. 그리고 몇몇 자료에 따르면, 나폴레옹은 주요 전투를 치르는 동안 새벽 2시에 일어났다고 한다(아마도 그는 역사상 최초로 잠을 여러 번 나눠서 잔 인물 중 하나일 것이다).

왜 그토록 많은 생산적인 인물이 일찍 일어났던 것일까? 이유는 다양하지만, 몇 가지 공통적인 동기를 찾아볼 수 있다.

- 이른 아침에 깨어 있는 사람은 많지 않다. 고로 타인으로부터 방해받을 일이 거의 없다.
- 시간을 잘 통제할 수 있다.
- (초반의 몽롱함이 사라지고 나면) 정신이 더욱 맑다.
- 일반 업무 시간에 방해받지 않고 더 많은 일을 처리할 수 있다.

당신이 기업 경영자라면, 모두가 잠든 조용한 시간이야말로 하루 중 가장 생산적인 시간이다. 직장인이라면, 몇 시간 일찍 출근함으로써 주요한 프로젝트를 제때 마치기 위한 시간을 확보할 수 있다. 부모라면, 아이나 배우자보다 일찍 일어남으로써 소중한 개인 시간을 누릴 수 있다. 학생이라면, 다른 사람보다 일찍 일어나서 과제와 시험을 준비함으로써 한발 앞서 나갈 수 있다. 작가라면, 일찍 일어날수록 더 많은 글을 쓸 수 있다. 어니스트 헤밍웨이Ernest Hemingway는 다음과 같은 조언을 들려주었다.

"책이나 이야기에 관한 작업을 할 때 나는 최대한 이른 아침에 글을 쓴다. 방해하는 사람이 없다. 그리고 서늘하거나 차가운 상태에서 시작했다가 글을 쓰면서 점점 따뜻해진다."

물론 일찍 일어나기는 쉽지 않다. 항상 아침 7시에 기상하던 사람이 아침 5시에 일어나는 일은 어렵다. 대단히 불편하다. 그러나 이러한 불편함과 맞서 싸울 때 얻게 되는 주요한 이익이 있다. 이를 통해 우리는 힘차게 하루를 시작할 수 있고 방해받지 않는 시간을 더 많이 확보할 수 있다.

이러한 사실을 염두에 두고, 이제 일찍 일어나는 습관을 구축하기 위한 몇 가지 팁을 살펴보자.

- 알람을 먼 곳에 두어 어쩔 수 없이 침대에서 벗어나게 한다.
- 부족한 수면을 보충하기 위해 일찍 잠자리에 든다. 평소 밤 11시에 자서 아침 7시에 일어난다면, 저녁 9시에 잠을 자서 아침 5시에 일어나도록 해보자.
- 알림이 울릴 때 스누즈snooze 버튼을 누르려는 유혹을 이겨낸다. 이는 어차피 해야 할 일을 미루게 만들 뿐이다. 더욱 나쁜 것은 우리 뇌가 매일 아침 알람이 울린 후 조금 더 잘 수 있다고 기대하도록 만든다는 점이다.
- 이른 아침 루틴을 만든다. 예를 들어 일어나자마자 물을 한 잔 마시고, 팔굽혀펴기를 20개 하고, 반려견을 산책시키자. 이러한 루틴을 형성함으로써 우리 뇌가 예상하도록 만들 수 있다. 해야 할 일이 있다면 일찍 일어나는 것을 덜 망설이게 될 것이다.

일찍 일어나는 습관을 들이자. 그러면 온종일 일하는 대부분의 사람들보다 아침 9시에 더 많은 일을 했다고 말하는 또 다른 아침형 인간들과 관계를 맺게 될 것이다.

습관 2

일어나자마자 일 시작하기

일찍 일어나는 습관을 들였다면, 그다음에는 자신에게 주어진 추가적인 시간을 낭비하지 않으려는 노력을 기울여야 한다. 아침 5시에 일어나 소파에 멍하니 앉아 있거나 미처 보지 못한 드라마를 다시 본다면 아무 의미가 없다.

아침 시간을 최대한 활용하기 위해 일어나자마자 일을 하자. 여기서 말하는 일이 컴퓨터 앞에 앉거나 다가오는 프로젝트에 시간을 투입하는 것만을 의미하는 건 아니다. 일어나자마자 즉각적으로 아침 루틴을 시작해야 한다는 뜻이다.

가령 건강한 아침 식사를 하거나 간단하게 조깅을 하는 것도 일이다. 자신의 아침 루틴이 무엇이든 간에 비생산적인 활동에 머물러 있을 기회를 자신에게 허락하지 말자. 미루기는 인간 뇌의 자연스러운 성향이다. 그러한 성향을 묵인한다면 당신의 뇌는 계속해서 미룰 것이다.

대신에 일어나자마자 무슨 일이든 하자. 해야 할 일 목록 중 몇 가지를 처리한다면 성취감을 느낄 수 있고, 또한 하루를 시작하기 위한 분위기를 만들 수 있다.

단, 한 가지 주의 사항이 있다. 이메일이나 음성메일 확인에 너무 신경을 쓰지 말자. 그러다가는 다른 곳에 쓸 수 있는 소중한 시간을 쉽게 낭비하게 된다. 오전 5시까지 답장해야 할 이메일이나 음성메일은 거의 없다. 그러므로 몇 시간 묵혀둬도 괜찮다. 대신 이른 아침 시간에 해야 할 일에 집중하자.

이러한 습관은 형성하고 유지하는 데 그리 어렵지 않다. 중요한 것은 루틴을 만들어서 지키려는 의지다. 좋은 소식은 우리 뇌를 얼마든지 재훈련시킬 수 있다는 사실이다. 뇌가 자신의 지시를 얼마나 잘 따르는지 확인한다면 깜짝 놀랄 것이다.

습관 3

시간의 사용 효율 추적하기

훌륭한 생산성 매뉴얼이라면, 틀림없이 시간 추적을 권장할 것이다. 우리에게 주어진 모든 자원 중에서 시간이야말로 다시 얻을 수 없는 유일한 자원이기 때문이다. 시간은 한번 사라지면 영원히 돌이키지 못하니 말이다.

문제는 대부분의 사람들이 시간을 현명하게 활용하고 있다고 착각한다는 것이다. 그들은 온종일 자신에게 주어진 프로젝트에 집중하면서 마감 시간을 지킨다. 그렇다면 틀림없이 생산적으로 일하고 있어야 한다. 그렇지 않은가?

당신도 이미 이해하듯이, 이러한 생각은 대부분 신기루에 불과하다. 더 자세히 들여다보면, 그들의 일과가 가라앉는 배처럼 구멍이 숭숭 뚫려 있다는 사실을 분명하게 확인할 수 있다. 시간은 손가락 사이로 빠져나간다. 몇 분은 여기로, 몇 분은 저기로. 그리고 결국 수 시간을 낭비하게 된다.

연구 결과에 따르면, 풀타임 근로자가 매일 생산적인 업무에 투자하는 시간은 3시간이 채 되지 않는다고 말한다. 몇몇 연구원은 실제 시간이 90분에 가깝다고 주장한다. 직장인들에게 얼마나 바쁜지 한번 물어보라. 그러면 일주일에 60시간을 일하는데도 마감이 밀려 있다는 이야기를 들려줄 것이다.

문제는 사람들이 대부분 엄청난 시간을 허비하고 있다는 사실이다. 그리고 더 심각한 문제는 스스로 그 사실을 깨닫지 못한다는 점이다.

자신이 어떻게 시간을 보내고 있는지 '실제로' 이해하기 위한 유일한 방법은, 시간을 추적해 보는 것이다. 그래야만 자신이 얼마나 현명하게 시간을 보내는지 파악하기 위해 필요한 데이터를 얻을 수 있다. 예를 들어, 페이스북이나 트위터를 '잠깐' 확인하는 습관이 생산성에 상당한 악영향을 미친다는 사실을 확인할 수 있다.

시간을 추적하는 간단한 방법

이미 시중에는 무료로 사용할 수 있는 다양한 온라인 시간 추적 프로그램이 나와 있다. 그중에서 내가 좋아하는 것은 토글Toggl이라는 앱이다. 사용하기 쉽고 무료다. 가입하면 프로젝트와 과제를 무제한으로 만들 수 있다. 눈으로 쉽게 확인하기 위해 각각의 프로젝트에 특정 색상을 부여할 수도 있다.

토글의 인터페이스는 직관적이다. 과제를 시작할 준비가 되었다면, 큰 빨간색 버튼을 눌러 시계를 작동시키면 된다. 그리고 과제를 마쳤을 때 버튼을 다시 눌러 시계를 멈추는 것이다. 이보다 간단할 수는 없다.

토글을 이용해서 자신이 설정한 방식에 따라 다양한 활동에 보내는 시간의 양을 추적할 수 있다. 예를 들어 당신이 블로거라고 해보자. 그러면 블로그 활동을 위한 프로젝트를 만들 수 있다. 그리고 조사, 글쓰기, 게시글 편집 등 프로젝트와 관련된 과제를 수립할 수 있다. 이를 통해 자신의 과제를 보다 세부적인 단계로 구분해서 확인할 수 있다. 예를 들어 게시글 편집에 얼마나 많은 시간을 보내는지 확인할 수 있다.

토글을 활용하면 자신이 선택한 기간(가령 지난주, 지난달, 혹은 특정 기간) 동안 어떻게 시간을 보냈는지 확인할 수 있다. 게다가 토글은 한눈에 확인할 수 있는 원형 도표로 데이터를 보여준다. 결과 데이터에서 소셜 미디어가 업무 시간의 절반을 차지한다면 결코 그냥 넘어가서는 안 될 것이다.

또한 다른 형태로 시간 할당을 보여주는 세부적인 보고서도 만들어볼 수 있다. 이를 통해서도 선택 기간 동안의 데이터를 확인할 수 있다.

이렇게 설명하다 보니 마치 내가 토글의 소유주라도 된 것 같다. 하지만 그렇지 않다. 나는 토글과 아무런 관련이 없다(제휴 프로그램이 있는지도 모르겠다). 그 앱을 좋아할 뿐이다.

스마트폰(iOS나 안드로이드)상에서도 토글을 사용할 수 있다. 데스크톱에서 브라우저를 사용하는 것만큼이나 간단하고 직관적이다. 물론 컴퓨터에서도 토글 소프트웨어를 다운로드받을 수 있다. 비록 나는 그렇게 할 필요성을 못 느꼈지만 말이다.

토글이 마음에 들지 않는다면, 다른 많은 프로그램 중 하나를 선택해도 좋다. 그중 몇 가지를 소개한다.

- 레스큐타임RescueTime
- 크로메타 Chrometa
- 타임리Timely
- 나우덴Now Then
- 프레클Freckle
- 타임시트Timesheet
- 아워즈Hours

솔직히 말하자면, 당신도 나만큼 토글을 좋아할 것이라 생각한다. 종이와 펜을 사용해서 시간을 기록할 수도 있다. 이 경우 세심한 관리가 필요하지만, 내 친구 중에는 이러한 방법을 선택한 이들도 꽤 있다.

여기서 기억해야 할 가장 중요한 사실은, 시간을 추적하는 습관을 들여야 한다는 것이다. 자신이 시간을 효율적으로 사용하고 있다고 단정 짓지 말고 실제로 추적해 보라. 그렇게 해서 얻은 결과 데이터를 들여다보면서 개선해야 할 지점을 파악하자.

습관 4

목표에 기여하는 과제에 집중하기

바쁘다는 말과 생산적이라는 말은 동의어가 아니다. 바쁘다는 건 말 그대로 시간에 쫓긴다는 뜻일 뿐이다. 높은 수준의 생산성을 유지한다는 말은 장기적인 목표의 관점에서 높은 가치를 부여하는 과제에 집중한다는 뜻이다.

예를 들어, 당신이 한 달에 5,000달러 수입을 목표로 삼고 있는 여행 블로거라고 해보자. 다음은 매월 목표 달성에 직접적으로 기여하는 활동들이다.

- 매주 3편의 정보 전달형 글 쓰기
- 독자들이 원하는 주제가 무엇인지 설문조사 하기
- 수입으로 이어질 가능성이 큰 관련 프로그램 확인하기
- 다른 여행 블로거들과 연락하고 관계 형성하기

다음은 목표에 간접적으로 혹은 사소한 방식으로 기여하는 활동들이다.

- 유행을 따라잡기 위해 다른 여행 블로그 훑어보기
- 매일 소셜 미디어 들여다보기
- 블로그 디자인을 이리저리 바꿔보기
- SEO(검색 엔진 최적화)를 배우고 활용해 구글 검색 순위 높이기
- 모든 마케팅 뉴스레터 구독해서 읽기

생산성을 높이고 싶다면 장기적인 목표에 직접적으로 기여하는 과제와 부수적인 효과밖에 미치지 못하는 과제를 구분해야 한다. 시간은 제한되어 있다. 그렇기 때문에 우선순위 프로젝트에 가장 많은 영향을 미칠 과제에 집중해야 한다.

나는 작은 노트를 들고 다니면서 생각날 때마다 처리해야 할 과제를 적는다. 내 경험상, 처리해야 한다고 '생각되는' 과제 대부분은 사실 불필요하다. 적어도 그리한 과제들은 우선순위가

낮으며, 예측 가능한 미래까지 미뤄둘 수 있다.

나는 몇 주가 흐른 뒤 적어놓은 과제들을 검토하고 목표와 관련 없는 것들을 확인한다. 그리고 목록에서 그것들을 지워버린다.

80/20 법칙을 바꿔 생각하면, 원하는 결과의 80%가 활동의 20%에서 비롯된다는 말이다. 이는 당신이 시간을 투자하는 활동의 80%는 목표에 중대한 영향을 미치지 못한다는 뜻이다. 다시 말해, 당신이 비효율적으로 일하고 있다는 의미다.

1시간 동안 앉아서 해야 할 일 목록에 포함된 모든 항목을 검토해 보라. 목표에 기여하는 정도와 관련해서 각각의 항목을 고려해 보자. 그 과제를 처리하는 것이 목표에 얼마나 큰 영향을 미치는가? 아마도 해야 할 일 목록의 80%가 '부수적 기여' 범주로 들어가게 된다는 사실을 알게 될 것이다.

이제 그러한 과제들을 무시하고 목표에 직접적으로 기여하는 과제에 주목하자.

습관 5

효과적인 과제 관리 목록 만들기

우리는 아주 오랫동안 '해야 할 일 목록'을 적어왔다. 이는 우리가 활용할 수 있는 생산성 도구인 동시에 수많은 오해 속에서 잘

못 활용되고 있는 도구이기도 하다.

믿거나 말거나, 생산성을 끌어올리기 위해 해야 할 일 목록을 작성할 때에는 특정 기술이 필요하다. 그러나 사람들은 대부분 목록 작성과 관련해서 잘못된 접근 방식을 취하고 있으며, 그러면서도 왜 수많은 해야 할 일 목록이 통제 불가능한 것처럼 보이는지 궁금해한다. 당신에게도 이러한 경험이 있다면, 혼자가 아니다.

문제는 효과적인 과제 관리 목록 작성법을 알지 못하면, 장기적으로 생산성을 끌어올리기 힘들다는 것이다. 여기서 나는 해결책을 제시하고자 하는데, 이를 통해 당신은 자신의 삶을 보다 질서 정연한 형태로 바라보게 될 것이다.

먼저, 왜 해야 할 일의 목록 대부분이 실패로 끝나고 마는지 살펴봐야 한다. 3가지 주요한 이유가 있다.

첫 번째 이유는, 목록에 너무 많은 항목이 들어 있기 때문이다. 과제의 처리를 중요하게 여기는 사람들은 아무리 사소하더라도 모든 과제를 목록에 집어넣어야 한다고 주장한다. 그렇게 하면 이들 과제를 항상 마음속에 담고 있지 않아도 되기 때문이다. 다시 말해, 당면 과제에만 집중할 수 있다는 말이다.

이러한 주장에는 일리가 있다. 수백 가지 과제를 계속해서 마음에 담고 있으면, 집중력이 흐트러진다. 그리고 몇몇 과제들이 그 틈으로 빠져나갈 것이다. 하지만 그렇다고 해서 모든 과제를 목록에 집어넣는 방법이 해결책은 될 수 없다. 우리의 삶은 너무도 바빠서 그렇게 했다가는 그 주의 마지막 날에 처리하지 못한 방대한 (그리고 맥 빠지게 만드는) 양의 목록을 맞닥뜨리게 될 것이 분명하다.

우리의 해결책은 '중요한' 과제에 노력을 집중하는 것이다. 앞서 파레토 법칙을 일상적인 업무 흐름에 적용하는 방법에 관해 살펴봤다. 해야 할 일 목록에 들어 있는 대부분의 항목은 얼마든지 무시하거나 미룰 수 있다. 그러므로 어떤 과제가 애초에 그 목록에 포함될 자격이 있는지 미리 결정해야 한다.

두 번째 이유는, 마감 시간이 없기 때문이다. 해야 할 일 목록을 살펴보자. 각 항목에 마감 시간을 할당했는가? 장담하건대, 아마도 그렇게 하지 않았을 것이다. 이것이 문제다. 마감 시간은 행동을 재촉한다. 마감 시간이 없을 때, 인간에겐 과제의 실행을 미루려는 경향이 있다. 인간의 본성이다.

당신이 과제 관리 목록의 모든 항목에 마감 시간을 부여하는 소그룹의 일원이라고 생각해 보라. 여기서 자신이 할당한 마감 시간이 너무 멀리 있는 것은 아닌지 질문해 보자. 파킨슨의 법칙에 따르면, "일 처리에 주어진 시간을 채울 때까지 업무 시간은 늘어진다." 주어진 과제를 처리할 시간을 자신에게 더 많이 할애할수록 과제를 처리하는 시간은 더 길어진다. 과제 완수를 위해 공격적으로 마감 시간을 정하자.

세 번째 이유는, 해야 할 일 목록에서 항목들의 우선순위를 결정할 기준이 없기 때문이다. 우리는 어떤 과제가 다른 과제보다 더 중요하다는 사실을 직관적으로 이해한다. 또한 중요한 과제와 중요하지 않은 과제를 구분해야 한다는 사실도 안다. 그런데 얼마나 많은 사람이 우선순위를 결정하기 위한 기준을 만들어서 정기적으로 활용하고 있을까? 아마도 거의 없을 것이다.

우리는 대부분 새로운 과제가 떠오를 때마다 목록에 적어 넣는다. 그러나 그 과제에 우선순위를 정하는 경우는 거의 없다. 우선순위를 정하기 위해서는 각 항목을 현재 업무 흐름과 장단기 목표의 관점에서 바라봐야 한다. 여기에는 얼마의 시간과 노력이 필요하다. 하지만 우리는 이러한 일에 좀처럼 관심을 기울이지 않는다.

문제는 업무 흐름을 안내하는 우선순위를 정하지 않으면 어떤 과제가 우리에게 중요한지 이해하기 어렵다는 것이다. 그럴 때 우리는 기분이나 관심사, 혹은 다른 변수에 따라 임의로 과제를 선택하게 된다. 그리고 이러한 방식은 생산성 향상에 도움이 되지 않는다.

지금까지 과제 관리 목록이 대부분 실패하는 3가지 중요한 이유를 알아봤다. 이제 자신에게 효과가 있는 목록을 작성하는 방법에 대해 이야기해 보자. 다음은 이를 위한 10가지 실용적인 팁이다.

- 2가지 목록을 작성하라. 하나는 일일 목록, 다른 하나는 주요 목록이다.
- 목록을 간략하게 관리하라. 특히 일일 목록에서 꼭 오늘 처리해야 할 필요가 없는 항목은 삭제하자.
- 일일 목록에서 가장 중요한 3가지 과제를 선택하라.
- 나머지 과제에 우선순위를 부여하라. B와 C를 사용하라. 'B 우선순위' 항목은, 중요하지만 처리하지 못한다고 해서 세상이 끝나지 않는 것, 'C 우선순위' 항목은, 나중으로 미뤄도 큰 문제가 없는 것이다.
- '주요' 목록상 모든 항목에 마감일을 설정하라(예를 들어 5월 21일). '일일' 목록상 모든 항목에 마감 시간을 설정하자(가령 45분).
- 모든 과제를 실천 가능한 형태로 작성하라. 가령 '계약자 청구서'라고만 적지 말고 '계약자 청구서 처리하기'라고 적자.
- 과제를 처리하기 위해 필요한 세부 사항을 추가하라. 예를 들어 예약을 위해 레스토랑에 전화해야 한다면 전화번호를 목록에 적어두자. 그러면 시간을 절약하고 수고도 덜 수 있다.
- 주요 목록을 매주 정리하라. 매주 특정 요일마다 목록을 훑어보고 목표와 관련 없는 항목들을 지우자.
- 큰 과제를 작은 과제들로 나눠라. 이 방법은 더 많은 항목을 추가하도록 만들기 때문에 자칫하다간 목록이 번잡해질 수도 있다. 하지만 개별적으로 구분할 때 과제를 더 쉽게 처리할 수 있다.
- 주요 목록에 포함된 모든 항목은 단기적인 과제여야 한다. 가령 피

아노 배우기를 목표로 세웠다고 해보자. 이때 다음 몇 주 동안 그 목표를 위한 행동 계획을 세울 것이 아니라면 목록에서 제외하라.

생산성을 높이고 싶다면 효과적인 과제 관리 목록을 작성해야 한다. 그렇지 않으면 바쁜 일정에 쫓겨 시간을 허비하면서 끝내 목표를 달성하지 못할 것이다.

습관 6

건강한 식습관 유지하기

"쓰레기를 넣으면 쓰레기가 나온다"라는 말은 컴퓨터 과학 분야의 오랜 속담이다. 이는 입력이 출력을 결정한다는 뜻이다. 올바른 입력은 올바른 결과물로 나오고, 잘못된 입력은 잘못된 결과물로 나온다.

이 속담을 생산성과 관련해 식습관에도 적용해 볼 수 있다. 생산성을 높이고 싶다면 그리고 더 많은 일을 하면서 더 많은 자유 시간을 누리고 싶다면, 우리의 몸에 올바른 자원을 공급해야 한다.

주변에 끔찍한 식습관으로 살아가는 이를 떠올려보라. 그는 영양가 높은 음식 대신 인스턴트 음식을 게걸스럽게 먹을 것이다. 물이나 차 대신 탄산음료를 마시고, 철 지난 유행을 따르듯 시도

때도 없이 사탕을 먹는다.

한번 생각해 보자. 그 사람은 장기적으로 볼 때 얼마나 생산적일까? 설탕이나 카페인 섭취로 단기적인 에너지 폭발은 엄청날 수도 있다. 하지만 그의 하루, 혹은 일주일 업무 흐름에 주목해 보자. 그가 계속해서 수준 높은 결과물을 만들어낼 수 있을까? 그리고 신뢰할 만한 흐름으로 그렇게 해낼까? 대답은 아마도 '아니요'일 것이다. 그 주요한 이유는 그가 선택하는 음식 때문일 가능성이 크다.

다음으로 당신이 알고 있는 사람 중 건강한 식습관을 갖춘 이를 떠올려보라. 좋은 성과를 계속해서 올리기 위해, 그는 비타민과 충분한 영양소가 들어간 음식을 꾸준히 먹는다.

그는 아마도 온종일 생산적일 것이다. 설탕이나 카페인의 힘을 빌려 단기간에 미친 듯이 일을 하는 것이 아니라, 장기적인 차원에서 꾸준한 속도로 일할 것이다. 그리고 대충대충 일을 처리하지 않고 꼼꼼하게 결과물을 만들어낼 것이다. 좋은 재료가 들어가면 좋은 결과물이 나오게 마련이다.

당신이 보통의 사람이라면, 아마도 이러한 양극단의 중간쯤에 있을 것이다. 어떤 때는 건강한 음식을 먹다가 또 다른 때는 그렇지 않은 음식도 먹을 것이다. 그렇다면 개선의 여지가 있다. 업무를 처리하는 동안 집중력과 에너지 그리고 동기를 끌어올리고 싶은가? 그렇다면 이제 식습관을 바꿔보자.

생산성을 높이는 간단한 식습관

식습관을 개선해서 몸에 필요한 비타민과 영양소, 미네랄을 공급할 수 있는 몇 가지 간단한 방법이 있다. 이 방법을 따르면 분명히 더 많은 에너지를 얻을 수 있다. 그 과정에서 살이 몇 kg이 빠진다고 해도 놀라지 말자.

첫째, 부엌과 식료품 보관실에 있는 인스턴트 식품을 확인하라. 쿠키와 페이스트리, 감자튀김, 사탕은 버리자. 당신이 사랑하는 초콜릿을 바른 마카다미아도 버려라. 모두 쓰레기통에 집어넣자. 군것질에 대한 유혹을 이겨내야 한다.

둘째, 몸에 필요한 영양소가 든 식품을 확인하라. 당신의 선택은 취향과 체질, 음식에 대한 참을성에 따라 달라질 것이다. 다음의 영양소를 제공하는 식품의 조합을 선택해 보자.

- 비타민 A
- 비타민 B
- 비타민 B1, B2, B3, B6, B12
- 비타민 C
- 비타민 D
- 비타민 E
- 비타민 K
- 요오드
- 칼슘
- 망간
- 마그네슘
- 칼륨
- 셀레늄

많은 사람이 필수 영양소를 얻기 위해 보충제나 멀티비타민을 섭취한다. 보충제와 멀티비타민은 확실히 건강에 도움이 될 수 있다. 그러나 당신도 알겠지만, 이러한 영양소는 음식을 통해 얻는 편이 항상 더 좋다. 연구 결과에 따르면, 이러한 영양소는 알약이나 파우더보다 음식으로 섭취할 때 더 잘 흡수되고 소화도 더 쉽다. 건강을 위한 필수 영양소가 가득한 식품 목록을 확인했다면, 이를 중심으로 식단을 짜보자.

셋째, 간단한 요리법을 고수하라. 복잡한 요리법은 일단 피하자. 영양소가 높은 재료로 간단하게 요리할 수 있다면 더욱 적극적으로 시도하게 될 것이다. 새로운 식습관에 익숙해지고 난 뒤에 복잡한 요리법에 도전해 보자.

넷째, 식사량을 줄여라. 우리의 식사법은 한 번에 최대 2,000칼로리를 섭취하는 간헐적 단식자들의 조언에 정면으로 대치된다. 이 푸짐한 식사는 간헐적 단식자들이 장기간(일반적으로 12~14시간) 음식을 먹지 않은 이후를 위한 것이다.

간헐적 단식에는 여러 가지 주목할 만한 장점이 있다. 콜레스테롤 수치를 낮추고, 성장 호르몬 수치를 높이며, 식습관을 단순화할 수 있다는 점이다. 다만 나는 식사량을 줄이길 권하는데 이는 다음의 2가지 중요한 유익이 있다.

- 몸이 요구하는 것보다 더 많은 열량을 섭취하지 않게 한다.
- 뇌에 이미 충분히 먹었다는 신호를 전달한다. 연구 결과에 따르면, 우리 뇌가 위장 호르몬으로부터 포만감의 신호를 받기까지 최장 20분이 걸린다. 배부름을 알아차리지 못한 20분 동안 불필요한 음식을 얼마나 많이 섭취하며 살아왔을지 생각해 보라.

다섯째, 식품 라벨을 읽어보라. 식료품점에 방문할 때마다 자신이 선택한 모든 식료품에 어떤 성분이 포함되어 있는지 확인해 보라. 무해해 보이는 식품에도 건강에 해로운 성분이 얼마나 많이 포함되어 있는지 안다면 깜짝 놀랄 것이다. 최악의 성분은 액상과당과 잔탄검인데, 이 2가지는 요즘 거의 모든 식료품에서 발견할 수 있다.

여섯째, 건강한 지방이 풍부한 아침 식사를 하라. 그러면 포만감이 더 오랫동안 이어지고 군것질도 참을 수 있다. 우리는 오랫동안 포화 지방이 건강에 해롭고 체중 증가를 유발한다는 이야기를 들어왔다. 그러나 이제 과학자들은 그것이 사실이 아니며, 적어도 구체적인 증거가 상당히 부족하다고 이야기한다. 달걀과 소고기, 생선, 지방을 제거하지 않은 요거트와 버터에 함유된 특정 지방은 건강에 도움을 줄 뿐만 아니라 맛있고 충분한 포만감을 선사한다.

나는 내가 아는 누구보다도 많은 지방을 섭취한다. 그러면서도 오랫동안 날씬한 몸매를 유지하고 있다(신진대사가 높은 편이 아닌데도 말이다).

일곱째, 과일 섭취를 제한하라. 이 말은 우리의 직관에 반하는 것처럼 들릴 것이다. 그 이유는 과일이 몸에 좋다고 배웠기 때문이다('하루에 사과 하나를 먹으면 병원에 가지 않아도 된다'는 말도 있다). 그러나 요즘 나오는 대부분의 과일은 과당을 많이 함유하고 있다. 그렇게 가공했기 때문이다.

많은 연구 결과가 과도한 과당 섭취는 신체에 심각한 악영향을 미칠 수 있다고 말한다. 심지어 몇몇 과학자는 장기적으로 과도한 과당 섭취는 간에 손상을 준다고 주장한다. 다만 우리의 몸이 어떻게 과당에 반응하는지와 관련해서는 아직 명확한 결론이 나오지 않은 상태다. 지금으로서는 그저 과일을 너무 많이 먹어서 설탕 폭탄을 맞는 일만은 피하자.

기억하라. 쓰레기를 넣으면 쓰레기가 나온다. 식습관은 우리가 업무에 집중하고 온종일 높은 생산성을 유지하는 데 중요한 역할을 한다. 앞의 7가지 방법을 바탕으로 집중력과 에너지 그리고 동기를 끌어올리는 식습관을 만들어보자.

습관 7

접근성 차단하기

이메일과 소셜 미디어, 문자, 통화, 채팅 그리고 예정에 없던 방문……. 이 모두는 우리의 업무 흐름을 가로막는 방해 요인이다. 이들은 업무를 방해할 뿐만 아니라 흐름까지 망친다.

이러한 유형의 방해 요인들이 갖는 가장 뚜렷한 특징은 우리의 시간을 요구한다는 것이다. 이는 상황을 어렵게 만든다.

우리는 언제든지 유튜브를 끌 수 있다. 비디오 게임을 중단할 수 있다. 반면 이메일과 문자, 채팅을 비롯한 다양한 채널을 통해 다른 사람과 접촉할 때는 거기서 빠져나오기가 쉽지 않다. 몇 분만 이야기를 나누려고 전화를 걸었는데 통화가 30분 이상 길어진 적이 얼마나 많았던가?

이는 우리가 접근 가능한 상태에 있을 때 나타나는 중요한 문제다. 그리고 상황은 여기서 그치지 않는다.

방해 요인은 어떻게 생산성을 갉아먹는가

반복적인 방해는 생산성에 치명적인 영향을 미친다. 연구 결과에 따르면, 방해 요인 이후에 원래의 흐름을 회복하는 데는 최장 25분이 걸린다고 한다. 당신은 아마도 기존 업무로 곧장 돌아왔다고 생각하겠지만, 당신의 뇌가 원래 자리를 찾기 위해서는 얼마간의 시간을 필요로 하기에, 그때까지 업무 흐름은 정체된 상태에 머물게 된다.

방해 요인이 1시간에 한 번 벌어진다고 해보자. 그렇다면 우리의 뇌는 제자리를 찾기 위해 매시간 상당 부분을 잃어버릴 것이다. 결과적으로 업무를 처리하는 과정에서 상당한 어려움을 겪게 된다.

이메일과 소셜 미디어, 문자, 음성메일에 온종일 끊임없이 중독된 가엾은 영혼들을 떠올려보자. 그들이 어떻게든 업무를 처리한다는 사실이 그저 놀라울 따름이다!

접근성을 차단하는 방법

생산성을 높이고자 한다면 일단 다른 사람들과의 접근성을 차단해야 한다. 이는 업무 흐름상 다른 사람에게 대응해야 할 지점에 이를 때까지 우리의 시간에 대한 다른 사람의 요구를 외면하라는 말이다.

예를 들어 업무에 집중하기 위해 포모도로 기법을 사용한다고 해보자. 일반적인 포모도로 기법은 다음과 같은 형태로 구성된다.

- 25분간 일하기 — 5분간 휴식하기
- 25분간 일하기 — 5분간 휴식하기
- 25분간 일하기 — 5분간 휴식하기

• 25분간 일하기 — 15분간 휴식하기

여기서 5분간 휴식할 때 이메일에 답변하는 것은 좋은 선택이 아니다. 이메일로 대화를 계속해서 주고받는 상황에 쉽게 말려들 수 있기 때문이다. 이메일 답변은 또 다른 답변을 즉각적으로 요구한다. 이 때문에 원래 예상보다 더 많은 시간을 이메일에 허비하게 된다. 소셜 미디어와 문자, 통화, 채팅으로 다른 사람과 교류하는 것 역시 다르지 않다.

한 가지 괜찮은 선택은 15분 휴식 시간까지 기다렸다가 사람들에게 연락을 취하는 것이다. 그때 우리는 조금 더 많은 시간을 쓸 수 있다.

내가 생각하기에 더 나은 선택은 하루 중 시간을 정해서 이메일과 문자, 통화를 하는 방법이다. 나는 오전 11~11시 반 그리고 오후 6~7시로 정해두었다. 그게 전부다. 이렇게 하루에 2번, 합리적인 시간을 정해놓고 사람들과 연락을 취한다.

이러한 방법의 장점은 업무에 집중하면서도 내 답변을 기다리는 사람에게 24시간 안에 연락을 취할 수 있다는 것이다.

한편으로 의문이 들 수도 있다. '중요한 문제로 답변을 즉각 요구하는 사람이 있다면?'

여기에는 작은 비밀이 숨어 있다. 정말로 누군가가 급박하게 당신의 시간을 요구한다고 해도, 실제로 즉각적인 답변이 필요한 경우는 대단히 드물다. 대부분 7~8시간 후에 답변을 준다고 해도 부정적인 결과가 일어나지 않는다.

접근성을 차단하고 업무 효율을 높이기를 원한다면 다음의 방법을 따라보자.

- 업무 시간에는 휴대전화기를 끄고, 소셜 미디어를 피하며, 이메일 확인을 자제하자.
- 하루에 2번씩 이메일과 문자, 음성메일, 소셜 미디어 계정을 확인하자. 업무와 비즈니스 특성상 좀 더 자주 확인해야 한다면, 자신에게 주어진 책임의 정도에 따라 횟수를 조절하자.
- 자신의 시간에 대한 즉각적인 요구를 무시하는 습관을 개발하자. 누군가가 문을 두드려도 무시하고 계속해서 일하자(그래도 계속된다면 노이즈캔슬링을 사용해 보자). 물론 적절한 예외는 만들어두는 게 좋다.

이 방법은 우리가 이미 익숙해진 상황에 직관적으로 반하는 것처럼 보인다. 당신은 아마도 이메일과 통화, 문자가 오자마자 즉각적으로 반응하는 방식에 익숙할 것이다. 곧바로 대답하지 않으면 상대가 화를 낼까 봐 걱정될 것이다. 그러나 그러한 우려가 사실일지 아닐지는 당신이 만들어낸 기대에 달렸다. 사람들이 당신에게서 즉각적인 반응을 기대한다면, 이제 새로운 기대를 만들어낼 시간이다.

어떤 사람은 이해할 것이고 또 어떤 사람은 혼란을 느낄 것이다. '재교육'이 필요할 수도 있다. 또 다른 이는 대단히 불쾌하게 느낄 수도 있다. 그러나 우리는 다른 사람의 반응을 통제하지 못한다. 그러므로 상대의 느낌까지 걱정하면서 시간을 허비하지는 말자. 불쾌하게 느낀다면 그렇게 내버려두자. 대부분은 결국 다시 돌아올 것이다.

여기서 기억해야 할 중요한 대목은, 반복적인 방해가 생산성을 무너뜨린다는 것이다. 자신의 시간과 업무 흐름을 지킬 수 있는 유일한 사람은 당신이라는 걸 명심하자. 그리고 당신이 그렇게 할 동기를 지닌 유일한 사람임을 기억하자. 다른 사람이 당신의 시간을 요구할 때, 이 생각을 꼭 떠올리자.

더 많은 일을 하고, 당신이 사랑하는 사람과 대상에게 더 많은 시간을 할애하고 싶다면 접근성을 차단하자.

습관 8

확고한 80/20 태도 유지하기

파레토 법칙은 80%의 성과가 20%의 노력에서 비롯된다고 말한다. 1900년대 초 빌프레도 파레토가 개발한 이 법칙은 시간이 흐르면서 우리가 상상할 수 있는 모든 분야에 적용되었다. 항공

우주에서 동물학에 이르기까지 다양한 분야의 전문가들이 파레토 법칙을 활용해서 제한된 자원을 할당하기 위한 의사결정을 내린다.

1900년 초로 돌아가서, (위키피디아에 따르면) 파레토는 자신의 정원에서 재배한 완두콩의 80%가 20%의 완두 꼬투리에서 나왔다는 사실을 발견했다. 나중에 80/20 법칙으로 이어지게 된 이러한 발견은 이후 다양한 분야의 전문가들에 의해 반복해서 확인되었다.

예를 들어 유통 분야에서는 매출의 80%가 20%의 소비자에게서 나온다는 사실이 밝혀졌다. 음악 산업의 경우, 라디오 방송 시간의 80%가 20%의 밴드와 아티스트에 할애된 것으로 드러났다(실제로는 99 대 1에 더 가깝지만, 어쨌든 그 개념을 이해하는 데에는 어려움이 없을 것이다). 소프트웨어 공학 분야의 경우, 80%의 생산성이 20%의 엔지니어 팀의 노력에서 비롯되었다.

해야 할 일의 목록에 들어 있는 모든 과제가 똑같이 중요하지는 않다는 사실을 이해해야 한다. 어떤 과제는 다른 과제보다 목표에 더 많이 기여한다. 그리고 다른 일부는 완전한 시간 낭비로 이어진다.

그러므로 우리는 어떤 과제가 집중할 가치가 있는지 그리고 어떤 과제가 미루거나 무시해도 좋은 것인지 판단해야 한다.

더 생산적이고 보상이 많은 목표 달성

파레토 법칙을 적용하는 것은 생산성을 높이기 위해 개발해야 할 중요한 습관 중 하나다. 목표에 기여하는 과제와 기여하지 못하는 과제를 구분하지 않는다면, 우리는 영원히 시간을 낭비하게 될 것이다.

중요하지 않은 과제에 허비한 시간은 가족이나 친구와 보낼 수 있는 시간이다. 혹은 부업을 통해 수입을 올릴 수 있는 시간이다. 아니면 경력을 개발하고 자신의 분야에서 권위자가 되기 위한 시간, 또는 힘든 날을 보낸 우리의 뇌가 휴식을 취하면서 회복할 수 있는 시간이다.

80/20 법칙을 삶에 적용할 때, 우리는 가치가 낮은 부차적인 활동을 더욱 적극적으로 제거하게 될 것이다. 그렇게 함으로써 우리는 더 생산적이고 많은 보상을 주는 목표를 달성하기 위한 시간을 더 많이 확보하게 된다.

80/20 법칙을 일상에 적용하는 방법은 아주 다양하다. 해야 할 일 목록을 채우고 있는 중요하지 않은 과제들 대부분을 던져버리기 위한 약간의 창조성과 의지만 있으면 된다.

불필요한 과제를 제거하여 시간을 아끼자

첫째, 이메일 이야기를 해보자. 메일함에 들어온 모든 메시지를 정말로 읽어야 할 필요가 있을까? 아마도 아닐 것이다. 대부분의 이메일은 무시할 수 있거나 자유로운 시간에 읽어도 좋은 것들이다. 이메일 뉴스레터는 어떤가? 대부분은 구독을 취소해도 별 지장이 없을 것이다.

둘째, 음성메일에 대해 생각해 보자. 모든 음성메일을 다 들어봐야 할까? 다시 한번 말하지만, 아닐 것이다. 물론 당신에게 음성메일을 남긴 사람은 답변을 원할 테지만, 그들이 원한다고 해서 당신에게 의무가 생기는 것은 아니다.

답변을 해야 할 경우, 요청한 정보를 이메일로 보내는 방법을 고려하자. 그렇게 하면 자신의 생산적인 업무 시간을 방해하는 통화를 하지 않아도 된다.

셋째, 기업을 운영하고 있다면, 고객의 불만을 처리하는 데 보내는 시간의 양을 생각해 보자. 그 시간을 효율적으로 사용하고 있는가?

생각해 보자. 일부 고객은 매출에 크게 기여한다. 이러한 고객에게는 많은 관심을 기울여야 한다. 그러나 매출에 거의 기여하지 않는 고객도 있다. 이러한 사람들의 불만을 해결하기 위해, 특히 그들의 불만에 주목할 이유가 없는데 많은 시간을 투자하는 것은 앞뒤가 맞지 않는다. 빠른 결정으로 환불을 제안하는 편이 더 낫다.

기업의 경영자로서 시간을 절약하기 위한 한 가지 방법은 애초에 불만을 최소화하는 방안을 마련해 두는 것이다. 서비스를 제공하는 기업이라면, 서비스 품질을 최고로 높이자. 제품을 판매하는 기업이라면, 제품의 수준을 높이자. 또한 여러 고객이 이전에 보고했던 잠재적인 문제를 사전에 예방하기 위해, 자주 하는 질문 페이지를 웹 사이트에 만들어놓자.

넷째, 해야 할 일 목록에 들어 있는 모든 과제를 자세히 들여다보자. 반복적으로 등장하거나 이전에 처리했던 과제와 비슷한 과제가 있는가? 이러한 과제들은 장기적으로 많은 시간을 잡아먹는다. 그 과제가 어떻게 목표에 기여하는지 생각해 보라. 그것들이 당신을 앞으로 나아가도록 만들어줬는가? 그렇다면 얼마나 많이 그러했는가?

여기서 당신은 그 과제들이 시간과 관심을 투자할 가치가 있는지 판단해야 한다. 중요하기 때문에, 혹은 지금까지 수행해 왔기 때문에 그 과제들에 매달려 있는 것은 아닌가? 만약 그 과제들이 목표에 기여하지 못한다면 과감하게 지워버리자.

다섯째, 인터넷 서핑에 대해 생각해 보자. 자신이 매주 방문하는 사이트를 떠올려보라. 그 사이트들을 적어서 목록을 만들어보고 일주일 후 그 목록을 검토해 보자. 얼마나 많은 사이트가 목표 기여에 의미가 있는 것으로 드러났는가? 얼마나 많은 사이트가 수익에 기여했는가? 아마도 계속해서 방문해야 할 필요가 있는 사이트는 많지 않을 것이다.

단지 즐거움을 위해 서핑을 하는 것은 좋다. 인터넷 서핑은 휴식을 취하는 좋은 방법이다. 하지만 페이스북과 CNN, 유튜브에서 하루 몇 시간을 보낸다면 엄청난 양의 시간을 허비하고 있는 셈이다.

지금까지 80/20 법칙으로부터 도움을 얻을 수 있는 삶의 몇 가지 영역을 살펴봤다. 우리는 이를 많은 다른 분야에도 적용해 볼 수 있다. 기억해야 할 중요한 사실은 '시간은 돈과 같다'는 것이다. 불필요한 과제를 제거해서 아낀 모든 시간은, 다른 곳에 활용할 수 있는 시간이다. 어떤 이들에게 이것은 삶을 바꾸는 깨달음이 될 것이다.

기억하자. 초생산적인 삶을 살고 싶다면 80/20 법칙을 일상의 모든 영역에 꾸준하게 적용하는 습관을 들여야 한다는 것을.

습관 9

완벽주의에서 벗어나기

우리는 대부분 완벽주의자다. 일을 올바로 처리하기 위해 많은 시간과 노력을 투자한다.

가령 소프트웨어 엔지니어는 프로그램을 완벽히 깨끗하게 만들기 위해 모든 라인에 세부적인 언급을 삽입하느라 오랜 시간 동안 일할 것이다. 소설가는 철자와 문법에 오류가 전혀 없게 하기 위해 원고를 수차례 들여다볼 것이다. 회계사라면 모든 고객의 서류를 완벽하게 작성하기 위해 엄청난 시간을 투자할 것이다.

당신은 아마도 이렇게 생각할 것이다. '완벽은 프로 정신의 핵심이다. 완벽이야말로 사람들이 전문가인 내게 기대하는 바다!' 그러나 그 생각은 틀렸다.

당신에게 완벽을 기대하는 사람은 거의 없다. 당신의 상사와 고객, 배우자는 모든 사람이 실수한다는 사실을 안다. 그들은 당신의 일이 오류로 가득하지 않은 한 실수를 용서할 것이다. 아이폰이나 킨들 같은 전자기기를 생각해 보자. 애플과 아마존은 그들의 제품이 완벽하지 않다는 사실을 안다. 어떤 기업도 완벽한 제품의 개발을 고집하지 않는다. 그들은 일단 제품을 개발해서 판매하고, 나중에 소비자들이 보고한 문제를 참조해서 수정한 제품을 내놓는다.

물론 당신은 최대한 실수를 줄이길 원할 것이다. 실수를 바로잡기 위해서는 시간이 걸린다. 실수는 다른 사람이 당신을 바라보는 방식에도 영향을 미친다. 하지만 실수가 없도록 만들기 위해 투자하는 시간에는 제한을 둬야 한다. 완벽주의는 우리에게 보상을 주지 않는다.

내면의 완벽주의자를 쫓아내는 법

완벽주의의 문제는, 높은 생산성 유지와 모순을 이룬다는 점이다. 완벽주의와 생산성은 기름과 물 같다. 서로 섞이지 않는다. 완벽한 상태를 끊임없이 추구할 때 무슨 일이 벌어지는지 생각해 보자.

- 과제 처리에 더 오랜 시간이 걸린다.
- 다른 사람은 신경 쓰지도 않을 세부 사항에 엄청난 시간을 투자한다.
- 마감 시간을 어기게 된다.
- 다른 사람의 완벽하지 않은 일 처리를 경멸적으로 바라본다(마감 시간을 맞추고 상사에게 칭찬을 받았음에도 말이다).
- 자신의 눈에 차지 않는 무언가를 만들어내는 데 강한 거부감을 느낀다.
- 실패를 두려워한다.
- 완벽한 업무 처리를 위해 건강을 희생한다.
- 더 많은 보상을 주는 활동에 투자할 수 있는 많은 시간을 낭비한다.
- 누구도 자신의 높은 기준을 충족시킬 수 없기 때문에 주변에 사람이 없다.

아이러니하게도 이러한 문제가 업무 성과를 빠르고 급격하게 떨어뜨릴 것이다. 왜? 완벽주의는 결국 번아웃으로 이어지고, 번아웃은 실수를 유발하게 만들기 때문이다. 그리고 실수는 일을 하기 위한 동기를 억압하게 마련이다. 다른 사람들이 비웃게 될 무언가를 만들어낼지도 모른다는 걱정에 점점 미루게 될 테니 말이다.

최악의 순환고리다. 완벽주의를 향한 잘못된 노력이 오히려 완벽함을 망쳐버린다. 그리고 그 과정에서 생산성은 크게 떨어지게 된다.

우리가 언제 완벽주의를 추구하는지 알고 싶은가? 쉽게 확인할 수 있다. 숨길 수 없는 다양한 신호가 있기 때문이다. 완벽주의를 포기하기 위한 첫 번째 단계는 그러한 신호를 알아채는 것이다. 자신의 일상적인 업무 흐름 속에서 다음과 같은 붉은 깃발이 등장하는지 한번 확인해 보자.

- 위험을 회피한다.
- 새롭고 낯선 세상을 배우는 일을 즐기지 않는다.
- 다른 사람에게 칭찬을 들어도 스스로 실수를 자책한다.
- 건설적인 비판에 부정적으로 대응한다.
- 마감 시간을 어기거나 계속해서 연장을 요구한다.
- 다른 사람이 자신보다 더 잘했다는 생각을 견디지 못한다.
- 과제를 다른 직원에게 위임하지 못하는 까다로운 관리자다.
- 자신과 다른 사람에게 비현실적인 목표와 기대를 부여한다.
- 자존감이 자신의 성과에 대한 다른 사람의 생각과 긴밀하게 연결되어 있다.

자신에게서 이러한 모습을 발견했다면 업무에 접근하는 방식을 다시 평가해 보아야 한다. 구체적으로 말해서, 이제 내면의 완벽주의자를 내쫓아야 한다. 이를 위한 몇 가지 방법을 소개한다.

첫째, 앞에서 말한 경고 신호에 주목하라. 모든 항목에 해당하지는 않을 것이다. 하지만 단 몇 가지라도 문제가 될 수 있다.

둘째, 자신에게 솔직해져라. 경고 깃발을 하나라도 인식했다면, 업무에 다가서는 자신의 태도에 문제가 없다고 스스로 설득하려 들지 말자. 자기 인식은 업무 흐름을 개선하기 위한 열쇠다.

셋째, 왜 완벽을 추구하는지 이해하라. 경력 개발에 도움이 될 것이라고 생각하는가? 실수를 하면 비즈니스가 무너질 것이라고 생각하는가? 어떠한 믿음이 자신을 완벽주의로 내몰고 있는가? 자신의 믿음에 의문을 던져보자. 여기서 확인한 믿음은 어쩌면 망상에 불과할지도 모른다. 가령 실수를 저지른다고 해서 기업이 무너지지는 않는다. 자신의 믿음이 합리적이라는 생각이 들 때까지 모든 믿음을 의심해 보자.

넷째, 습관을 천천히 바꿔라. 업무를 위임하는 걸 싫어한다면 중요하지 않은 몇 가지 업무만이라도 아웃소싱으로 돌리자. 건설적인 비판에 부정적으로 대응한다면, 좀 더 과감하게 다른 사람에게 솔직한 피드백을 요청하자. 거대하고 전면적인 변화에 도전하지 말자. 한 번에 하나의 습관에 주목하자.

다섯째, 결과를 추적하라. 새로운 습관이 부정적인 결과로 이

어졌는가? 그 변화가 어떤 영향을 미쳤는가? 내면의 완벽주의자를 확실하게 막아내기 위해서는 완벽주의를 추구하지 않아도 부정적인 결과가 나타나지 않는다는 사실을 이해해야 한다. 그리고 이를 위한 유일한 방법은 결과를 추적하는 일이다.

여섯째, 각각의 프로젝트나 과제에 보내는 시간의 양을 제한하라. 특정 과제에 들어가는 시간은 스스로 허용하는 것만큼 늘어나는 경향이 있다. 자신에게 너무 많은 시간을 허용할 때, 내면의 완벽주의자가 고개를 들기 시작한다. 그런 일을 막기 위해, 해야 할 일 목록에 포함된 각각의 과제에 투자할 시간을 제한하자. 그리고 정해둔 시간이 지나면 일단 그 과제는 제쳐두자.

완벽주의는 생산성을 망친다. 비즈니스도 망친다. 경력에도 방해가 된다. 심지어 다른 사람이 당신과의 교류를 시도하지 못하도록 가로막기까지 한다.

내면의 완벽주의자에게 꺼지라고 말하자. 그런 다음 자신의 성과에서 즉각적인 개선을 확인하더라도 놀라지 말자.

습관 10

한 번에 하나의 과제에 집중하기

멀티태스킹은 생산성의 독이다. 이는 새로운 이론이 아니다.

수많은 기사와 많은 책이 이러한 사실을 말해준다. 그러나 멀티태스킹에 반대하는 자료들이 곳곳에 널려 있음에도 사람들은 여전히 한 번에 여러 가지 과제를 처리하려고 애쓴다.

한 가지 이유는 멀티태스킹에 따른 성취감 때문이다. 멀티태스킹을 하면 뇌에 쉴 시간을 주지 않기 때문에 스스로 많은 일을 처리하고 있는 것처럼 '느낀다.' 그리고 그러한 느낌은 만족감으로 돌아온다.

문제는 그러한 느낌이 환상에 불과하다는 사실이다. 그 느낌은 망상에서 비롯된다. 이는 마치 배우자를 두고 바람을 피우는 동안에도 자신은 결혼 생활에 만족하고 있다고 착각하는 것과 다를 바 없다. 멀티태스킹의 충동을 저지하기 위한 비결은 이러한 망상의 존재를 인식하는 것이다. 그리고 자신의 주의를 여러 가지 과제에 분할하는 것이 생산성에 부정적인 영향을 미친다는 사실을 이해하는 것이다.

멀티태스킹의 6가지 악영향

멀티태스킹에 관한 최고의 망상은 자신이 효율적으로 일하고 있다는 믿음이다. 멀티태스킹을 하는 사람들은 하나씩 일을 처리할 때보다 더 생산적이고 더 많은 일을 한다고 믿는다. 또한 결과물의 품질이 높다고 생각한다.

그러나 현실은 크게 다르다. 멀티태스킹이 생산성과 결과물의 수준에 영향을 미치는 6가지 방식에 대해 살펴보자.

첫째, 과제 처리에 더 많은 시간이 소요된다. 그 이유는 주의를 여러 가지 과제에 분산시키기 때문이다. 인간의 뇌는 추가적으로 주어진 부하를 처리하기 위해 더 넓은 정신의 공간을 마술처럼 만들어내지 못한다. 게다가 우리의 뇌는 하나의 과제에서 다른 과제로 넘어갈 때마다 적응하는 시간이 필요하다(이를 '전환 비용'이라고 한다).

둘째, 실수가 잦아진다. 급하게 일할 때마다 실수를 많이 하게 된다는 걸 알 것이다. 한 번에 여러 가지 일을 처리하려 들 때도 똑같은 일이 벌어진다. 각각의 과제에 투자하는 주의의 수준이 낮을수록(마음의 공간은 정해져 있다는 사실을 명심하자), 우리는 더 많은 실수를 저지르게 된다.

셋째, 중요한 세부 사항을 잊어버린다. 과학자들은 멀티태스커들이 망각에 더 취약하다는 사실을 발견했다. 기억에 미치는 부정적인 효과는 나이와 더불어 더욱 뚜렷하게 나타난다. 2011년 〈미국국립과학원 회보*Proceedings of the National Academy of Sciences*〉가 이러한 내용을 담은 기사를 실었다.

넷째, 더 높은 스트레스에 직면한다. 멀티태스킹이 더 높은 스트레스를 유발한다는 것은 놀라운 사실이 아니다. 한 번에 더 많은 과제에 도전할수록 우리는 더 높은 스트레스를 경험하게 된다. 여기에다가 이미 우리 삶의 일부가 되어버린, 주의를 분산시키는 다양한 장비(스마트폰이나 태블릿 등)까지 추가하면 걱정거리가 더 늘어난다.

다섯째, 창조성이 떨어진다. 2012년에 학술지 <심리과학 최신 동향*Current Directions in Psychological Science*>은, 멀티태스킹이 작업 기억과 창조적인 문제 해결 능력에 부정적인 영향을 미친다는 사실을 확인한 일리노이 대학 연구팀의 논문을 게재했다. 멀티태스킹은 우리 삶의 다양한 영역에 영향을 미친다. 좋은 아이디어가 흘러나오지 않을 때, 우리는 직장에서 문제를 해결하거나 쓸모 있는 제품을 개발하거나 흥미로운 글을 쓰지 못한다. 창조성 결핍은 배우자 및 자녀와의 관계에도 악영향을 미친다.

여섯째, 뇌가 장기적으로 어려움을 겪는다. 과학자들은 멀티태스킹이 인지 기능에 부정적인 영향을 미친다는 사실을 발견했다. 한 번에 여러 가지 과제를 처리하려고 할 때, 모든 연령대의 사람이 인지 시험에서 더 낮은 점수를 보였다. 카네기멜론 대학 인지두뇌이미징센터 연구원들은, 한 번에 하나의 과제를 처리하는 경우와 비교해서 여러 가지 과제를 동시에 처리하고자 할 때 대부분의 뇌가 덜 효과적으로 기능한다는 사실을 확인했다.

앞서 확인한 것처럼 멀티태스킹에 따른 비용, 특히 생산성에 미치는 비용은 상당하다. 그 비용은 우리의 경력과 비즈니스, 가족, 심지어 삶의 질에도 영향을 미친다. 그러므로 당신이 만성적인 멀티태스커라면 이제 업무에 접근하는 방식을 바꿔야 한다.

생산적인 싱글태스커가 되는 방법

첫째, 멀티태스킹이 생산성의 적이라는 사실을 이해해야 한다. 이에 대한 확신이 없다면, 아마도 멀티태스킹을 하기 위한 구실을 항상 찾게 될 것이다. 그러나 다행스럽게도 싱글태스킹의 장점을 이해하기 위해 특별한 마법이 필요한 것은 아니다. 다만 방대한 과학적 연구 결과(앞에서 언급한)를 참조하기만 하면 된다.

둘째, 자신의 시간에 대한 다른 이들의 요구를 거절하는 습관을 들여야 한다. 상대의 요구를 들어주어야 할 의무가 없다면, 거절하는 법을 배우자. 대다수의 사람들은 미친 듯이 바빠서, 어쩔 수 없이 멀티태스킹을 한다. 문제는 그들이 바쁘다는 사실이 아니다. 진정한 문제는 그들 모두 다른 이들의 요구를 거절하지 못한다는 것이다. 그래서 결국 자신의 목표와는 무관한 과제를 떠안게 된다.

셋째, 과제와 프로젝트에 임할 때 포모도로 기법이나 타임복싱 방법을 활용하자. 이 2가지 접근방식은 한 번에 하나의 과제에 주목함으로써 주의를 집중하게 해준다. 단일 과제에 집중하는 방법을 배우기 위한 좋은 해결책이다.

넷째, 충분한 수면을 취하자. 뇌가 지쳐 있을 때 우리는 주의분산에 더욱 취약해진다. 이는 해야 할 일 목록에 포함된 과제에 영향을 미친다. 집중력을 잃어버린 지친 뇌는 당면 과제에서 벗어나 다양한 과제로 주의를 분산시키려고 하기 때문이다.

다섯째, 휴식을 취하자. 인간의 뇌는 휴식 없이 장시간 생산적으로 일하지 못한다. 업무 시간이 길어질수록 집중하는 것이 더욱 힘들어진다는 걸 분명히 느껴봤을 것이다. 우리 뇌에게는 잦은 휴식이 필요하다.

여섯째, 전날 저녁에 업무 흐름에 대한 계획을 미리 세워놓자. 업무를 위해 자리에 앉았을 때, 하루를 위한 분명한 계획을 세워두고 있어야 한다. 어떤 과제를 마무리해야 하고 어떤 순서로 처리해야 할지 알아야 한다. 이러한 계획 수립을 통해 우리는 집중력을 높일 수 있다.

일곱째, 일하면서 음악을 듣자. 적당한 장르의 음악은 집중력을 높이고(동료를 포함한) 방해 요인의 접근을 막는 데 도움이 된다. 그래서 여러 가지 과제를 동시에 처리해야 할 위험을 줄여준다. 분산된 마음이 당면 과제를 피하기 위한 방법을 모색한다는 사실을 명심하자.

물론 음악이 모두에게 도움이 되는 것은 아니다. 헤드폰을 착용하지 못하거나 주변으로부터 격리될 수 없는 업무 환경에서 일을 할 수도 있다. 혹은 음악 자체가 주의력을 흩트릴 수도 있다. 내가 아는 많은 작가는 글을 쓸 때 절대적인 정숙을 필요로 한다.

그렇다고 해도 다양한 장르의 음악을 시도해 보자. 바로크 음악이나 분위기 있는 록, '트레일러trailer' 뮤직(유튜브에서 토마스 베르게르센Thomas Bergersen과 투 스텝스 프롬 헬Two Steps From Hell을 검색해

보자)을 찾아보라. 연주 음악에 집중하자. 가사가 있는 음악은 오히려 집중에 방해가 될 수 있다.

지금까지 '더 높은 성과를 위한 10가지 습관'을 살펴봤다. 나는 여기서 조금 더 나아가보고 싶다. 그래서 유용한 습관을 하나 더 이야기해 보려고 한다.

보너스 습관

자신의 시간을 이기적으로 관리하자

다른 사람은 당신의 시간을 지키는 데 관심이 없다. 그렇게 한다고 해서 그들이 얻을 유익이 무엇인가? 당신의 시간이 손가락 사이로 빠져나간다고 해도 그들은 잃을 게 없다.

당신의 친구와 가족, 직장 동료는 당신의 낮은 생산성을 책임질 필요가 없다. 당신이 시간에 대한 타인의 요구에 굴복한다면, 당신은 그들이 원하는 것(당신의 관심과 도움 등)을 제공해 주는 한편 요구에 따른 부정적인 결과(마감 시간을 어기게 되고, 집중력이 떨어지며, 업무 흐름이 망가지는 등)를 오롯이 떠안게 될 뿐이다.

이러한 생각이 상당히 냉소적으로 들릴 수도 있다. 그러나 경험상 그것은 사실이다. 약간의 시간을 할애해 자신의 요구를 들어달라고 말하는 동료에 대해 생각해 보자. 혹은 "잠깐만 도와줄

래요?"라고 부탁하는 사람을 떠올려보라.

마지막으로 이러한 요청을 받았던 때가 언제인가? 사실 이러한 요청은 그 자체로 솔직하지 않다. 이는 그의 시간이 당신의 시간보다 더 소중하다는 생각을 드러내는 것이다(겉으로는 반대로 말한다고 해도 말이다).

하지만 당신도 그 문제에 대한 원인을 제공하고 있다면?

항상 '예스'라고 말하지 않았을까?

사람들이 당신의 시간을 거리낌 없이 방해하는 이유 중 하나는, 그렇게 하는 것이 얼마든지 용인된다고 생각하기 때문이다. 그들은 어쩌면 다른 사람이 하던 일을 멈추고 자신의 요구에 귀 기울여야 한다고 믿는 나르시시스트일지 모른다. 혹은 그들 자신의 시간을 중요하게 생각하지 않기 때문에 당신의 시간도 소중하게 여기지 않는 것일 수도 있다. 이 문제의 핵심에는 여러 가지 요인이 있다.

그러나 그중에서도 가장 중요한 요인은 이것일 것이다. 당신이 과거에 그들에게 '예스'라고 말했기 때문이다.

우리는 주변 사람들을 매일 길들인다. 우리는 기대를 설정함으로써 그렇게 한다. 이러한 기대는 지속적인 적용에 의해 창조되고 강화된다. 그리고 그러한 기대가 형성되었을 때, 다른 사람들은 그 기대에 따라 행동한다.

예를 들어 직장 동료가 찾아올 때마다 하던 일을 항상 제쳐둔다고 해보자. 누군가가 당신을 방해할 때마다 그들에게 주의를 기울임으로써 방해에 대한 보상을 제공한다고 해보자.

왜 다른 사람들이 당신을 기꺼이 방해하려고 했는지 이해했는가? 그들은 언제나 당신에게서 도움을 받을 수 있다고 생각한다. 당신을 방해해도 아무 영향이 없을 거라는 인상을 당신이 그들에게 심어준 것이다.

당신은 모두에게 '예스'라고 말해야 한다고 생각한다. 그렇게 함으로써 당신이 언제나 열려 있다는 인상을 주고 싶다. 문제는 그렇게 함으로써 의도치 않게 다른 사람들이 당신을 방해하도록 만들었다는 사실이다. 사람들은 방해가 용인될 수 있으며 이를 통해 보상(당신의 관심과 도움 등)을 얻을 수 있다는 기대를 갖게 되었다.

당신이 지금 이러한 상황에 있다면, 이제 그 순환고리를 끊고 새로운 기대를 만들어내야 할 시간이 되었다.

다른 사람에게 '노'라고 말하는 방법

거절은 학습이 가능한 기술이다. 처음에는 거절하기가 힘들다. 그러나 계속하다 보면 점점 쉬워진다. 다시 말해 연습을 통해 숙련에 이르게 된다.

거절은 자신의 제한된 시간을 지키기 위한 방법이라는 사실을 명심하라. 삶에서 중요한 우선순위를 해결하기 위해 하루에 쓸 수 있는 시간은 정해져 있다. 다른 사람의 요구에 자신의 시간을 할애할 경우, 우리는 이러한 우선순위를 미루어놓아야 한다.

첫 번째 단계는 사람들에게 더욱 솔직해지는 것이다. 사람들이 도움을 요청할 때, 그냥 거절하기보다 부탁을 들어줄 수 없는 이유를 설명하자. 두 번째 단계는 도움을 나중으로 미루는 것이다. 가령 누군가가 당신을 찾아와 도움을 부탁할 때 이렇게 말하자. "도와드리고 싶은데, 지금 상사에게 제출해야 할 중요한 보고서를 작성하고 있습니다. 오후 3시 15분에 도와드려도 될까요?"

당신은 방해자에게 대안을 제시했다. 이러한 방법만으로도 상대의 기분이 상하지 않게 거절할 수 있다.

또 다른 전략은 모든 부탁을 상사 등 다른 사람에게 알리는 것이다. 당신이 보고하는 사람은 당신이 맡은 프로젝트를 알고 있어야 한다. 그럴 때 그는 다른 사람을 위해 또 다른 과제를 맡을 시간이 당신에게 있을지 판단할 수 있다(상사가 당신의 업무 흐름을 알지 못한다면 먼저 이를 알리자).

물론 이 방법은 당신에게 상사가 있을 때만 가능하다. 당신이 비즈니스를 운영하는 위치에 있다면 해당되지 않는다. 결국 최고의 상사는 당신 자신이고, 누구에게도 보고할 필요가 없으니 말이다.

거절하는 방법을 익히는 것은 생산적으로 일하는 데 소중한 도구가 될 것이다. 처음에는 불편하게 느껴질 것이다. 그러나 당신이 자신의 시간을 수호해야 할 유일한 사람이라는 점을 명심하자. 당신이 아닌 누구도 그렇게 해야 할 이유가 없다.

생산성을 위한 습관 개발

지금까지 소개한 10가지 습관(그리고 보너스 습관까지!)은 생산적인 생활방식을 구축하기 위한 기반으로 생각해 주길 바란다. 생산성 향상에 따른 혜택은 더 많은 업무를 처리하는 것 이상이다. 그 과정에서 우리는 더 많은 보상을 가져다주는 삶을 누리기 위한 기반을 다지게 될 것이다.

우선 가족이나 친구와 보낼 수 있는 더 많은 시간이 생긴다. 자신의 열정과 취미에 집중할 시간이 늘어난다. 또한 스트레스 감소와 집중력 향상, 효율성 증대, 소득 증가의 이익도 누리게 된다.

단, 한 번에 하나의 습관에 집중하기를 강력히 권한다. 하나의 습관을 갖춘 뒤에 다음 습관으로 넘어가자. 그렇지 않으면 그 과정에서 위압감과 좌절감을 느끼게 될 수 있다. 그러다 결국 중간에 포기하고 싶은 마음이 들 것이다.

웹 사이트 ArtOfProductivity.com에 올려놓은 자료도 읽어보길 권한다. 생산성을 높이는 데 유용하고도 중요한 정보가 생길 때마다, 나는 이 사이트에 글을 올릴 것이다.

이 특별 부록을 즐겁게 읽었기를 바란다. 나는 여기에 생산성을 크게 높여줄 유용하고 바로 써먹을 수 있는 다양한 정보를 담았다. 아무쪼록 당신이 자신에게 가장 중요한 일을 할 수 있는 시간을 확보해서 더 많은 결실을 보는 삶을 이끌어나가길, 진심으로 소원한다.

20%만 쓰는 연습

1판 1쇄 발행 2024년 1월 10일
1판 2쇄 발행 2024년 1월 30일

지은이 데이먼 자하리아데스
옮긴이 박세연

발행인 양원석 **편집장** 박나미
디자인 최승원, 김미선 **영업마케팅** 조아라, 이지원, 정다은, 백승원

펴낸 곳 ㈜알에이치코리아
주소 서울시 금천구 가산디지털2로 53, 20층(가산동, 한라시그마밸리)
편집문의 02-6443-8865 **도서문의** 02-6443-8800
홈페이지 http://rhk.co.kr
등록 2004년 1월 15일 제2-3726호

ISBN 978-89-255-7563-6 (03190)